申请科研基金

从科研创意到科研资助

Funding Your Career in Science

From Research Idea to Personal Grant

原　著　[荷兰]里策特·扬森（Ritsert C. Jansen）
主　译　李乃适
副主译　魏怡真
审　校　傅静远
译　者（按姓氏笔画排列）：
车　璐　李佳宁　施　文　徐　菁　翁琳倩

中国协和医科大学出版社

图书在版编目（CIP）数据

申请科研基金／（荷）里策特·扬森（Ritsert C. Jansen）著；李乃适译．—北京：中国协和医科大学出版社，2017.11
书名原文：Funding Your Career in Science
ISBN 978－7－5679－0851－2

Ⅰ.①申… Ⅱ.①里… ②李… Ⅲ.①科学基金－申请－基本知识 Ⅳ.①G311

中国版本图书馆 CIP 数据核字（2017）第 146416 号

This is a Chinese translation of the following title published by Cambridge University Press：
Funding Your Career in Science：From Research Idea to Personal Grant
ISBN 978－1－107－04006－9 Hardback
ISBN 978－1－107－62417－7 Paperback

申请科研基金
从科研创意到科研资助

原　　著：［荷兰］里策特·扬森（Ritsert C. Jansen）
主　　译：李乃适
责任编辑：顾良军

出版发行：中国协和医科大学出版社
（北京市东城区东单三条 9 号　邮编 100730　电话 010－65260431）
网　　址：www. pumcp. com
经　　销：新华书店总店北京发行所
印　　刷：北京建宏印刷有限公司

开　　本：710×1000　1/16 开
印　　张：11
字　　数：120 千字
版　　次：2017 年 11 月第 1 版
印　　次：2021 年 6 月第 2 次印刷
定　　价：30.00 元

ISBN 978－7－5679－0851－2

（凡购本书，如有缺页、倒页、脱页及其他质量问题，由本社发行部调换）

中译本序

时值金秋收获季节，由荷兰格罗宁根大学的里策特•扬森（Ritsert C. Jansen）教授所著《申请科研基金：从科研创意到科研资助》一书的中译本即将付梓。

在当今时代，对于海内外每一位科技工作者来说，申请科研基金几乎都是成长的必经之路。对一部分人来说，申请科研基金是水到渠成，一切都自然而然；然而，对于更多的科技工作者来说，申请基金简直如同梦魇……这从每年国家自然科学基金申报截止日前后的网上相关言论即可窥一斑。

那么，对于不善申请者，有没有办法提高水平呢？里策特•扬森教授的这部专著就系统介绍了申请科研基金的“锦囊妙计”。从创意到写作，从寻求指导到模拟评审……本书对申请基金的每个细节都进行了详细的指导，非常实用。尽管本书着眼于欧洲的科研基金申请，但实际上绝大部分环节与我国的基金申请非常相似，因此特别值得学习。而对于申请科研基金一帆风顺者是否就不需要读这本书了呢？实际上不少人成功申请了科研基金，但他并不知道到底为什么能够成功，或者说，他并不真正理解如何把申请基金这件事做到尽量完美；这就如同许多人可能每天都走楼梯到办公室，但是能够说出一共走了多少台阶的人却寥寥无几。而扬森教授本人就是荷兰著名的生物信息学家，曾成功申请多项荷兰科研基金与欧盟科研基金，实践经验极为丰富；他同时又兼任格罗宁根大学高科技人才发展战略部主任，潜心研究如何挖掘学生的科研潜力已有多年历史，因此他的这部简明扼要而又实用的小书深受学生和青年科技工作者的喜爱，长期在欧洲畅销，也被许多大学列为科研能力培养教程的教材或参考书。

正如作者在本书中所说，申请基金的过程本身也是一个提高科研能力的过程。我院李乃适等用业余时间翻译了这本书，实属不易。希望这本译著能够帮助更多的科技工作者成功申请科研基金，在科研的道路上越走越顺利。

张烜

北京协和医院院长助理、科研处处长

风湿免疫科教授、博士生导师

目　录

简 介

这本书适合哪些人?

本书适用于对科学研究怀有远大抱负的本科生、研究生、博士后及年轻的研究团队负责人。同时，它的读者也包括向以上群体提供支持、帮助其实现理想的相关人员，如资助机构的工作人员、审查资金申请的科学家或大学资金部门的办公人员、职业顾问、辅导员、培训师、导师等。

科研基金已经成为开创科研未来的过程中越来越重要的资金来源。没有什么比在科研事业初期就让自己的设想成为现实更吸引人的事情了。科研基金可为启动或巩固研究路线提供经费。该基金独特的优势在于：你仅需要与处于同一事业发展阶段的而非更有经验的申请者们竞争。一旦申请成功，在未来申请其他基金资助需要与处于所有事业阶段的科学家们竞争时，你将会更具优势。在科研基金项目中你可衍生出新创意，并在申请其他资金时处于有利位置。本书聚焦于这一非常重要的基金类型，阐述为何你应该申请科研基金、如何撰写申请书。这个过程中你将得到的好处到底有哪些呢？我将在以下四段中阐述要点。

如果你是学生。你正考虑从事某项科学研究，对研究充满热情，通过参与一项或多项由他人发起和监督的研究项目积累经验并充实简历。而现在，你开始寻找能帮助你获得更多科研独立性的机会。“我有我自己的想法和野心”。你已经做好成为一名开创者的准备。科研基金恰恰针对具有这种态度的人进行支持，并将为你的职业发展提供坚实基础。你也许希望可以百尺竿头更进一步，成为博士后、年轻的研究团队负责人，甚至最终可能成为一名教授。在你之前，相同范畴的研究可能已经开展40余年，已累积了约8万小时的工作量，故你应该花时间打好基础。你应抽出时间撰写科研基金标书。阅读此书，你将获益。

如果你是博士后或年轻的研究团队负责人。科研基金认证既往的卓越成就，同时为最前沿研究路线的启动、巩固、更新添砖加瓦。因此，相比其他基金，申请者的个人领导力将从此以后将得到极大彰显。无需惊讶，科研基金遴选出高潜力的个体（Hi-Po's）并为推进他们的学术事业发展给予支持。若你想攀登科学研究的高峰，那么就去申请科研基金吧，但请非常非常认真对待它。我相信，读过这本书后你会有更多想法，你将更加注重培养你的才能，你的学生与同事将撰写出更加有说服力的科研基金申请书。

如果你是资助机构的工作人员或审查资金申请者。科研基金是推进科研事业发展的重要助力，故显而易见的是，在申请过程中应对包括提案募集、资格规定、同行评审遴选及培训、流程评价与适配在内的所有申请流程中的公平性、客观性、准确性及透明度给予最大关注。你的责任巨大，任务艰巨。阅读此书，你将更好地理解撰写科研基金申请书过程中的要点，更好地运用工作人员权利高质量地评价递交给你的申请书。

如果你是对科学研究有浓厚兴趣的其他人员。传统来说这部分人包括大学资金部门的办公人员、职业顾问、辅导员、培训师、导师等。你会发现本书能帮助你对学生资金申请方面及现代科学家职业规划方面提供建议。现今，撰写基金申请书已经成为了科学家们的日常工作，作为事业发展顾问也应着重讨论此问题。对于一些学生，若他们了解科学研究需要花费大量时间申请资金支持，他们可能便不会从事科研工作。

你应何时阅读此书?

你最好能在计划申请事业基金前数年阅读本书：它将引领你进入正确轨道。你也可以阅读我之前的《开发科研潜能》一书，构建职业规划。当申请事业基金的时机来临——比如说，提交标书截止期日前 1 年——重读此书，准备写作标书时案头常备此书作为参考，你将获益。当你撰写申请书时，可不时回顾特定章节和段落。一旦角色发生改变——你成为标书评审者——本书可帮助你评估申请书的公平性、客观性和准确性。

本书是如何组织构架的？

本书描述了作为科学家申请科研基金及作为资助机构评估标书的步骤。这些准则同样适用于其他资助机构或基金会基金的申请过程中。本书 5 章内容包括：

第一章　在实际开始撰写申请书前做好充分准备工作

第二章　理解科研基金提供者（资助机构）希望看到什么

第三章　撰写题目、摘要、计划、影响、预算和简历（CV）有说服力的标书

第四章　理解小组成员及评审者如何通过阅读申请书或“亲自”面试等方式完成评价

第五章　提交申请前组织足够的支持材料将提案以最具中选可能性的形式呈现

五章内容可依次阅读或重点阅读。

下图展示了本书的组织构架，它还显示了一项重要信息：除你之外很多人都参与其中！他们中可能包括，例如：

■ 组织机构负责监督流程与时间进度的人员；

■ 小组中负责评估提案、为提案排名的人员；

■ 可能散布在全球各地的外部评审人员，负责撰写深度报告；

■ 您所在机构可以在财务管理、申请书撰写及演讲技巧方面给您帮助的人，或需要其共同签署申请书的部门负责人；

■ 一名富有经验的已经获得科研资助的科学家（桂冠得主），他将花时间对您的提案及不断修改的各个版本提出批评意见，直到申请书脱颖而出（强烈推荐）。

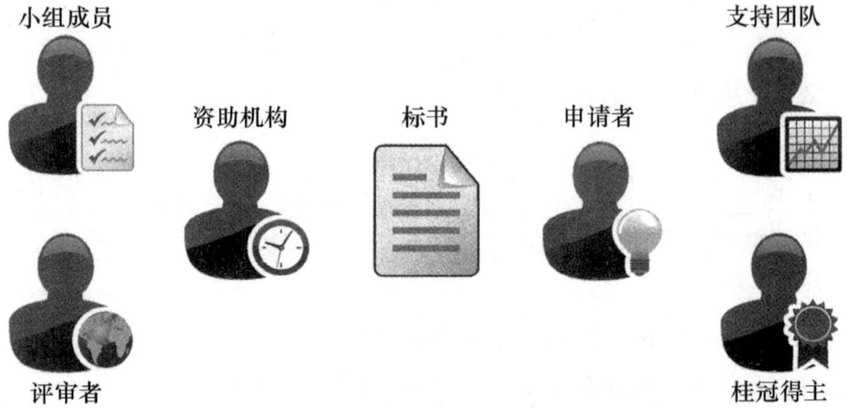

图 1　本书组织框架介绍

中心为标书（将在第三章中讨论细节）。其两侧分别为两大主要参与者：申请者（第一章）及资助机构（第二章）。对资助机构提供建议的团队位于左侧（第四章），您的事业发展支持团队位于右侧（第五章）。

为科学研究寻找资金支持的过程需要强大的人力资源。

成功的申请案例能帮助你发现过程中的各种影响因素。收集和研究来自不同领域不同申请人的大量科研基金申请书很有意义，但将这些标书复制到本书中将大大增加篇幅，增加您阅读的时间。故我将展示一些申请书的片段作为范例，同时还会提供一些全面统计数据。有几位成功科学家冒着文本可能被批评的风险同意将他们的申请书与您共享。如果您批判他人工作的同时，能接受来自他人的批评并对您自己的（草案）申请书更加严谨，那就更好了。为保护个人隐私，我更改了一些细节。

“练习”可真正帮助您的思维变得更加敏捷，故章节中的“信息”都被转化为各种“试一试”的练习。大多数练习您可以自己完成，但如果能在导师小组会议、研究团队会议或学术技能培训课程中组织特定的小组，与同学或同事间互动，您将更能获益。您可以一边读书一边完成读到的练习内容，也可以阅读整篇章节后再完成之前的练习。练习将指引你完成全部流程并以成型的科研基金申请书结束。作为最后的练习，第五章中我描述了一个虚拟的完整评估流程。科研基金申请训练的最后一部分便是在这样的虚拟场景中扮演某个角色。通过角色扮演你将发现，作为小组成员或评审者，工作是非常艰巨的。模拟演练将会让你发自内心地体会到这些人处理一批批基金申请时的感受。你将从中学习！可能你会看到申请者们在毫无自觉的情况下，做出有意识或无意识地刺激评审者的事情。你将有更多机会学习什么应该做什么不应该做。通过这种方式你能应对真正的评审者可能提出的各种各样的批评与反对意见，将你的申请书以最可能中选的方式呈现。

故事比任何其他事物都更有说服力。章节中的“信息”都通过博士后、教授或资助机构工作人员的趣事来传达。所有的故事都以第一人称陈述，一些来自于我自己的经历，更多的来自于他人与我的分享。美妙和难以置信的掌故均来自于真实生活：为保护隐私，我改动了一些细节，但所有故事都源于真实事件。他们有可能就是你在未来的真实情景。若你想要与我们分享你喜欢的故事，请给我发邮件（邮箱地址为：info@talent-

4science.eu）或访问我的网站：www.@talent4science.eu。

本书通过实例和故事讨论的领域包括：

- 生物学
- 医学
- 经济学
- 哲学
- 历史学
- 物理学
- 信息学
- 心理学
- 语言学
- 社会学
- 法学
- 神学

这里我所提到的科学是最广泛意义上的定义：许多学科的关注点、问题及经验都是相同的，我的建议与技巧可应用于多数学术与研究领域。“学习本学科之外的申请书真的有意义吗？”你可能还不知道答案。我的经验让我深信，这是必要的！你将更容易发现其他领域申请书中不必要的术语与错误，懂得如何撰写出让外行读者更容易理解与欣赏的申请书。这一点为何很重要？为何不读下去，在后面的章节中发现问题的答案呢？

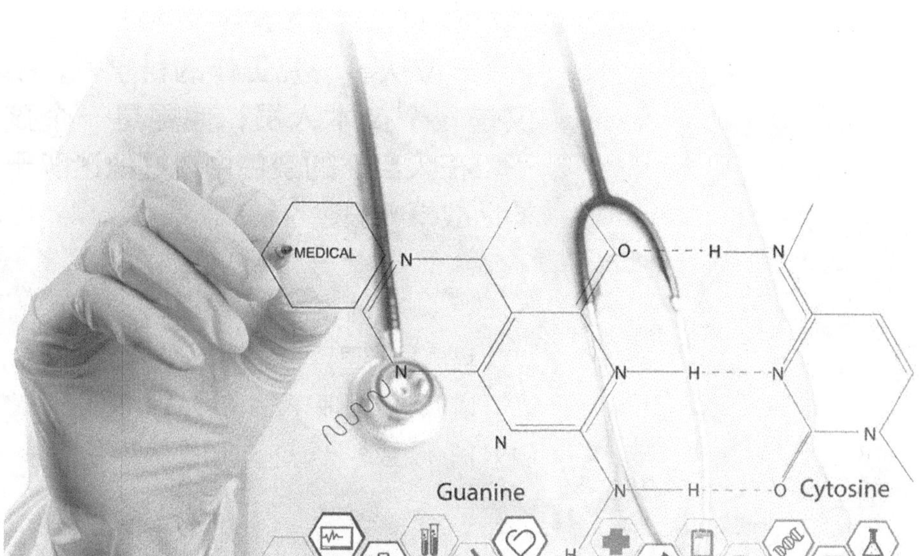
MEDICAL
Guanine
Cytosine

1

一位从事研究工作的科学家，不仅是一个技术人员；他更是一个孩子，在大自然的景色中，好像迷醉于神话故事一般。

玛丽·居里

诺贝尔物理学奖（1903）及化学奖（1911）得主

申请者

1.1

引　言

你阅读本书后，可能会渴望投入“掷骰子游戏”中，希望得到更多机会赢得事业发展基金。是的，“赢”是最合适的叫法，但这又与人人均有相等机会的乐透游戏中赢得彩票不同，即这是你与其他申请者的竞争。为了赢得竞争，需要大量的准备、投入、训练、支持以及一些“血水、泪水和汗水”。如果你不能将全部精力、创造力、动力及智慧投入其中积极争取，你最好还是去做一些其他的事情。这可能听起来很刺耳，但你必须意识到资金的竞争是相当激烈的。

在你心里将获得科研基金作为终点，但你需从何处开始呢？你可以立即简单地开始撰写研究标书，然后看看它在哪里结束。或许你可以做得更好——谁知道呢。但是如果你很认真，在开始真正撰写标书前，应继续阅读此书，充分准备。在我看来对你开始撰写标书最重要的因素是：

■ **动机**。从开始到结束，你愿意投入多少时间和精力（如果不是“血水、汗水和泪水”）？这一切是多么重要？你是多么认真？

■ **理念**。你需要一个很棒的想法让小组成员及评审者（当然，还有你自己）感到惊喜、激动，被鼓舞。但是，你又如何获得这些想法呢？

■ **战略**。现在开始你可以做些什么，在申请书递交截止日期前将标书以最可能中选的方式呈现？制定一个战略计划吧！

本章致力于解决你在何处开始漫长的科研基金申请征程的问题。下一章致力于解决往哪里走—资助机构的目标设定问题。任何起点或终点错误的旅途注定要失败。阅读完第一章与第二章后，你已做好了阅读第三章有关撰写申请书方法的准备。

1.2

动　机

你将开始尝试申请科研基金，你确信自己终将成为赢家，但此时此刻你仍是一名初学者：你仍需开始撰写标书。申请事业基金是一件非常严肃的事情：对你，对你现在或将来的用人单位，当然还有资助机构本身。所以你何时能做好准备应对撰写科研基金标书这一挑战？开始时的几项特点将帮助你最终获得成功。

以下是一些简单的选择题，帮助评估在职业发展中你进行这一尝试时到底有多认真：

□ 我将在截止日期前 2 周开始撰写标书。

□ 我将在截止日期前 1 月开始撰写标书。

□ 我将在截止日期前 6 月开始撰写标书。

□ 我将在截止日期前 12 月开始撰写标书。

首先，很多申请者开始较晚，甚至尝试在很匆忙的状态下赶上截止日期。好吧，有些人的确可以在高压状态下很好地完成工作，但撰写一篇完整标书到底需要多少时间？当然，这取决于申请者的格式安排以及实际需求。第二个问题是，你愿意投入多少时间？

☐ 我将在撰写标书上投入 8 小时。

☐ 我将在撰写标书上投入 40 小时。

☐ 我将在撰写标书上投入 100 小时。

☐ 我将在撰写标书上投入 200 小时。

你不应该惊讶，撰写研究标书与撰写一篇完整的科研论文费时相等。每一次，你电脑中文档未打开的状态是一小会儿、一段时间或每次都能面目一新，都将决定标书的最终质量。你还需要点时间暂时不去考虑标书，这样你可以反复琢磨想法、成熟文字，使它们呈现出最耐人寻味最具吸引力的一面。你不仅需要提前几个月开始（如果你这样做就太棒了），还需要留出足够的时间撰写。你是否认真到可以为准备、撰写及修改研究标书（包括浏览最新文献、创立你科研观点、不断起草与修改文字直到其被充分润色）投入 300 小时？但如果你在截止日期前 2 个月开始，然后，哎呀，这意味着你必须几乎不间断为标书忙活，并拒绝所有其他活动。也许你应该早点开始？

早点开始还有其他很多好处：你仍有余地对未达自己标准的部分采取一些行动提升其水平。事实上，计划申请事业基金 1 年或多年后才提交也许并不是一件坏事（见下面的趣事），以下列出了一些你需要制定计划并付诸实际行动的目标实例：

■ 我将完善我的简历。

■ 我将加强我的写作技巧。

■ 我将完善我的工作计划。

■ 我将向外界寻求建议。

■ 我将选择合适的博士后工作以学习新技能。

例如，预实验可以支持你最初的设想，帮助你完善工作计划。这通常需要提前 1 年开始。若你标书中的最初设想与你的最终研究方向不符，那就放下它，尝试新的想法。若你的想法是对的但创意不够，那就快速进入最具创造力的状态，学习热门论文，挑战你的思维直到得到最棒的创意。若你在某一领域或技能方面的培训不足，或缺乏某些设备，那么在申请前努力完善这一不足。另一方面，若你仍在寻找你的第一个博士后工作，考虑一下浏览资助机构网站，了解最近的基金获得者情况，他们有最热门的想法，还可能有空的工作机会。

向其他人寻求帮助也是一个好主意。事实上，科研基金标书大多数时候都被发给外部评审，来自于这些“其他人”的意见将帮助你完善申请书，但不幸的是，这些意见只能帮助你的下一轮申请。你愿意走上这条将对审阅者批评意见的挫折感转化为能够成功撰写申请书，最终满怀感激地得到零批评的漫长道路吗？在各个早期阶段以及需要申请前寻求帮助：寻找一名导师、“基金之父”或“基金之母”，在各个阶段，无论是准备还是庆祝，给予你支持。第四、五章中深入讨论了这些方面。

以下表格可以为你制定基金标书撰写计划提供帮助。

表 1.1 针对科研事业生涯早期博士后的问卷调查结果。他们正准备一篇篇幅为 3000 字，提交截止日期为 12 月的科研基金标书（包括其简历在内）。较早开始准备（浅灰色）和撰写（深灰色）的人为标书投入更多时间，请更多不同背景的专家或非专家批判性阅读他们的草稿并从这些人处获得建议，同时也承受了更少压力或零压力。第 13 号博士后甚至邀请他的父母和其他圈外人来帮助检查确保标题及摘要通俗易懂。

博士后	月份												小时	批判性	压力
	1	2	3	4	5	6	7	8	9	10	11	12		读者数	
1													50	3	!!
2													60	4	!!
3													80	2	!!
4													100	5	!!
5													120	5	
6													160	5	
7													200	15	!!
8													200	4	
9													240	5	
10													320	10	
11													320	20	
12													320	7	
13													500	25	

标书的终点，你需要阐述你对未来科研事业的规划与远景。这就是为何需要如此严肃对待事业基金及其书写过程的原因！你需要知道，现在，从起点开始的你所做的任何事情，都是为了实现以下的目标：

- 这是我的梦想标书，不是其他的标书。
- 这是具有创新性的，我能想到的最好的创意。
- 我可以完成它，没有人可以比我更好地完成它。

你对每一个目标都充满激情吗？那么就去申请基金吧：激情带来行动力！若你现在仍不确定，不要担心，本书将帮助你距离回答三个“是”更进一步。

资助机构工作人员的趣事：

时不我待

我曾经为一群由本科生、研究生和博士生组成的小组进行时长 2 小时的科学事业规划速成教学。授课地点在城外树林间一座环境怡人的酒店里。那天天气非常热，甚至于不适合进行教学或上课，而空调又坏了无法将教室温度降低到可接受的范围。但很快，因为其他原因气温又上升了……

参与者们都对事业基金有所了解并正在短暂的课程中为思考如何完善他们的简历受到挑战。重点是：他们理解了建立良好记录、制定计划、执行计划需要付出极大努力，随后他们将相关信息添加到简历和档案中。看到这些学生开始思考现在或未来的几年，哪些相关信息（事实）是他们可以记录在简历的主文件或文件夹里的非常有趣。他们为集思广益感到兴奋，为潜在的事业受益而备受鼓舞。

课程结束时，一位硕士研究生总结了他的要点：“我很高兴未来自己还有几年时间可以自觉、主动地进行此项工作。在此之前我从未考虑过在事业发展早期阶段需申请资金支持自己的工作。如果我是在不得不申请自己的第一个基金前才听到你的建议，我不可能有时间去完善我的职业记录。”

这个故事表明，短短 2 小时可以改变一个学生的思维模式，为他或她在未来科学研究职业发展中取得成功增加机会。

试一试 对，我是认真的

通过完成以下表格，清楚而真实地记录你的起点。

小心，第四个承诺将会改变你的事业与生活。不要打破对你自己的重要承诺是通往成功最重要的步骤之一。延伸下来，你也不要打破对其他人的承诺。因此，小心排序你的优先级，对申请事业基金的计划说“是”，对所有其他的挑战和机会说“不”，因为它们并不适合你对所做的四个承诺而努力的生活节奏。

表 1.2 你对自己做出的四个重要承诺

承诺
我将在距离截止日期前 XXX 月开始准备。 我将在距离截止日期前 XXX 月开始撰写。 我将为写作分派 XXX 小时。 我决不食言：是 / 否

表 1.3 若你已经决定了研究项目的题目，为自己的工作激情评估等级吧。如果你还不在表格的右侧，是什么使你犹疑不定？

这是我愿意投入毕生的梦想				
不完全是	也许吧	差不多是	是的	是的！

表 1.4 若你还未决定题目，将你真正感兴趣的题目逐项列出，打破常规想一想：例如，哪些事情（参见下一节的轶事部分）让你最兴奋，哪些题目在会议或阅读科学期刊时让你最激动？

研究领域和（或）申请书
1
2
3
4

1.3

创 意

好的创意是成功申请基金的关键，产生一个很棒的原创性想法是极其困难的。特别是如果你还是在做导师的项目，还没有挑战性地开始酝酿自己的创意，那么你可能需要关于如何开始这方面工作上的一些帮助。你们当中那些在科研道路上走得更远的人可能还会从他人关于如何形成并表达很棒的创意方面的建议中获益。当你进入更稳固、更高级的职业平台后，平庸的创意不会帮助你申请事业基金。

但是如何为你的项目标书想出好的原创理念呢？我曾经询问过来自不同领域的科学家们的经验，并让他们列举出他们认为最重要的因素，如下表格 1.5 所示。

表 1.5 针对年轻有为的研究者们如何得到新奇创意的问卷调查结果。他们通常认为最关键的因素不止一个

我如何得到最具创新性的想法（创意）	
A	这个问题让我激动不已并在很长时间内忙个不停
B	我在正确的时间进入了一个蓬勃发展的领域
C	我阅读我感兴趣的领域以外的文章并参加相关会议

续表

我如何得到最具创新性的想法（创意）	
D	我出于专业需求需要积极探索新领域
E	我刚刚为两个之前毫不相关的领域建立了联系
F	我对自己感兴趣的领域目光远大，避免视野狭隘
G	我敢于质疑共同信念
H	我经常与自己头脑风暴
I	我经常系统性地记录下所有可能的解决办法
J	我经常带着一个本子，记下我觉得有趣的想法
K	我不经意间拼凑出解决问题的线索（我终于找到了！）
L	我发现了工作中的意外结果（机缘巧合）
M	一旦我放松了，好主意就来了
N	我和同事一起进行头脑风暴
O	我和另外领域的专家一起进行头脑风暴
P	我敢于谈论自己不完善的想法
Q	我敢于做自己想做的，并不怕被人称为“愚蠢”或者“天真”

你可以试着把这些方案都付诸行动，但对某个人适用的方式不一定适合另一个人。哪个方案最吸引你呢？例如，如果你是个更外向的人，你可能更喜欢随意地与他人谈论自己还不完善的想法。相反地，如果你是个更内向的人，你先独自仔细考虑所有的想法可能更好。事实上，所有这些不同的策略都适用于某个大框架。但首先我将介绍 8 个形成自己观点的基本步骤：

1. 有一个渴望钻研的领域并有一个非常想攻克的难题。

2. 阅读与该领域及某一具体问题所有相关的文献并且参加相关会议，成为全面专家。

3. 回答这个问题：解决该科学问题的瓶颈是什么？

4. 头脑风暴一下，可能的解决问题的方案有哪些，哪些会成为这些方案的潜在瓶颈，有何方法可以解决这些瓶颈问题，等等。

5. 花一些时间（放空大脑），再慢慢想想有没有更好的解决办法。

6. 大胆地与其他人交流自己不完善的想法，从他人的智慧力量中汲取养分。

7. 如果即便付出了血、泪和汗水的努力也没有找到一个可行办法，那就专注于一个不那么野心勃勃的项目，但仍要思考你最初的那个问题，并且回到第 2 或第 3 步。

8. 以有说服力的方式传达你的想法，让大家相信这个伟大的想法有可能真正会改变该领域的科研前景。

以上 8 个步骤会帮助你选择一个感兴趣的领域、确定一个该领域内的重大问题、学习最先进的科学技术及解决问题瓶颈的办法，并且为解决瓶颈和麻烦可能的方案而努力（图 1.1）。对新手来说，这整个过程看起来像是一个艰巨的任务，你首先得成为这一领域的专家才行。如果你没有形成一个可行的解决方案，你可能需要回过头来再重新研究如何解决瓶颈问题，或者阅读更多这个领域先进技术的材料，或者甚至回到问题本身，先形成一个小一些的子问题，之后再重新开始寻找问题[1]的答案。

让我们一起来仔细了解这八个步骤：

1　在《科学心理学》一书中 Pieter J. Van Strien 总结道："即便看起来似乎创造性方案是灵光一闪浮现于脑海中的，探索发现永远是长期艰苦耐心奋斗的结果。偶然的发现（机缘巧合）只会降临在有准备的头脑中。"请参阅"补充阅读"。

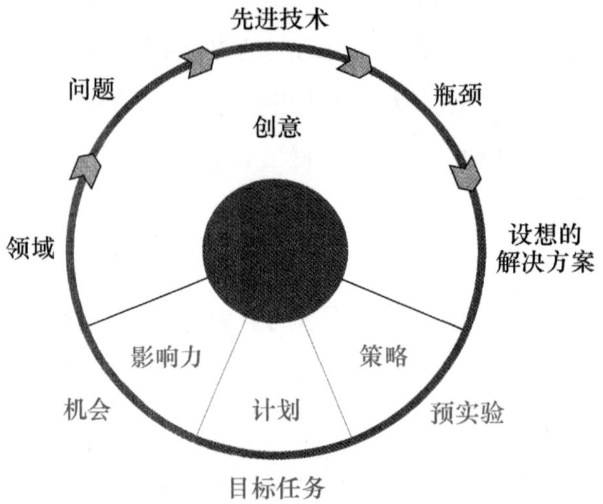

图 1.1　从创意到研究计划：始于创意！酝酿创意是撰写研究计划时最重要的部分。

第一步

找出哪些领域和话题是你最感兴趣的，然后想象一下你可以做出哪些有助于推动该领域前沿发展的贡献。感受一下，什么是你真正想去做，想去成就的！在这个阶段，你应该追随你的心，而非大脑。梦想终将成真，特别是最具激情的梦想会让你跑得更快，更具活力、创意，甚至变得更聪明；你根本无法违背自己希望看到一个看似不可能的梦想成为现实的心意。

那么，什么是你的终极梦想？是治愈某种流行病，还是研制可持续的生物有机塑料或能产生太阳能的新涂料，抑或是深入了解父母在何时以何种方式决定是否教孩子当地方言？但是，你也需要注意脚踏实地，想一想你真的是那个出现在合适的时间、合适的地点的合适的人吗？你准备好为之投入大量的时间和精力了吗？如果几个不同的主题都让你感觉很兴奋，如何判断哪一个主题看起来最有前途？ 请参考表 1.5 中的 A 和 B。

第二步

希望你已经具备一些你最热衷的研究领域的专业技能。现在，你应该寻找资金支持参加相关领域最好的学术会议，倾听来自世界上最好的研究人员的最新研究进展，或是收集该领域顶级杂志的相关动态，反复研究它们有无令人惊喜之处，深挖杂志中的“前景”部分，并开始思考如何结合你的背景来拓展新的机遇——你自己的新机遇。许多科学的突破源于建立起不同研究领域或科学与技术之间的桥梁。要重视不同领域之间的这种意想不到的相互联系，但你也需要更广泛地阅读、参加自己领域之外的会议。见表 1.5 点 C，D 和 E 。

第三步

你已经明确了你最强烈的愿望，你最有力的梦想，但也可能存在一些困难瓶颈使这个梦想变得似乎不那么现实：科学界认为这些事情是不可能的（你所在的学界也许是过于短视了），科学事实对你不利，所以，目前的看法胜利了，现在你要做的事情的确是不可能的。你可以将“这是不可能的”想法变成更有帮助的“现在这是不可能的，但很可能在将来是可行的，如果……”这是你得到意想不到的解决方案的方法。把“不，忘掉它，这完全不可能”变成令人鼓舞的“对，这太不可思议，太惊人了，为什么我们之前没想到？”什么事什么人可以帮助你克服瓶颈？深思熟虑，好好考虑一下这些问题，打破常规（见图 1.2 中的练习说明），避免做井底之蛙。

这就有一个令人印象深刻的科学界中不可能变为可能的例子。谁曾想到，通过使用胶带反复粘贴居然可以使被认为“不可能”生产的单原子层厚的碳材料成为现实？2010年，因该发现的巨大应用潜力，安德烈·盖姆（Andre Geim）和康斯坦丁·诺沃肖罗夫（Konstantin Novoselov）被授予诺贝尔物理学奖："仅相当于一原子厚度的薄薄的普通碳原子，赢得了今年的诺贝尔物理学奖。诺贝尔奖获得者表明，这样一层碳原子，在广袤的量子物理世界中有着极为特殊的性能。"他们的发现需要大量科研项目进一步研究其基本原理，发掘其应用潜力。见表格1.5中的F、G、H几点。

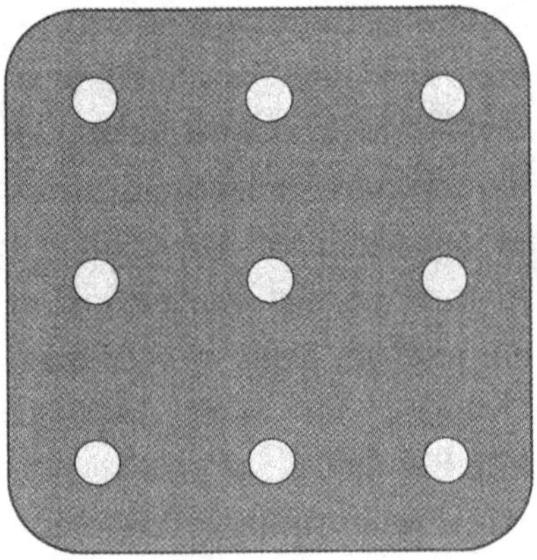

图1.2　在笔不离开纸的前提下，用四条直线连接所有的点。发散思维！

第四步

头脑风暴和"头脑平静"的组合可能会帮助你更好地提高早期思维。在头脑风暴阶段，你记下所有头脑中的瓶颈、假说、假设、问题、方法或预实验。这些记下的笔记（表1.6）的作用就像是一个所谓的头脑地图[1]，甚至可能为你提供一个可视化的思考过程（图1.3）。头脑地图组成了你的思维层次与结构，以及下游方案的起点。它可以通过删除不相关信息或添

1　可浏览 http://en.wikipedia.org/wiki/Mind_map 了解头脑地图指南。

加更多相关联系被修改，支持你头脑中的无意识部分。允许你的做法有些“混乱”，以充分发挥你的创造力和创造性思维。只是后来，在这个有点创造性的“混乱”阶段之后，你应该回到更合乎逻辑的批判性思考、推理阶段。见表 1.5 中的 H，I 和 J 点 。

表 1.6 头脑风暴和头脑冷静阶段，将你能想到的一切潜在的研究设想记下来（纸质版或电子版）。一些科学家携带这样的笔记本从不离身，新的思路可能随时、随地突然涌现

复杂的生物系统
迫切问题：许多人类疾病的遗传学机制都过于复杂，不易理解。
为什么？太多不同基因参与其中。
如何让这些基因在一个活的细胞中“相互对话”？
在收集到正确的数据之前我们无法知道。
什么是“正确”的数据？
我们现在可以对数以千计人体的基因表达进行高通量检测！
对很多人来说，这些技术的成本已逐渐变得可承受！
在现存自然种群中应用遗传变异度？
是的，它适用于模式生物及人类 ☺
这会比现在的“一次研究一个基因”的模式更好吗？
也许是的：见经典统计理论（R.A. Fisher）！
哇，我们是在该领域内第一个应用他理论的人！
需要建立一个联系我们新基因表达数据库的桥梁！
让我们来详细阐述一下这方面的挑战……
我们如何建模分析多种致病基因对其他基因的影响？
我们如何分析和筛选其他替代模型？
我们如何才能创建基因之间的“沟通”网络？

第五步

在头脑冷静阶段，你并没有为设想积极工作，而是等待在未来意想不到的时刻，无意识的自我带来灵光一现。这可能就发生在阅读文献的下一小时里，也许在今晚洗澡时，也许在明早醒来时，也许在下一周工作通勤车的路上，也许在距现在几个月某个重要会议中聆听一场鼓舞人心的谈话时，也许在去肯尼亚游猎或假期去希腊海边时。然后，只需将这些创意添加到你之前的笔记里。这一时刻可能看起来很神奇，但这都是将平时阅读文献、参加会议甚至应用业界共识解释机制的过程中积累的点点滴滴突然进行组合或重组的结果。你可能只需要额外的时间和灵活的思维。刚开始看起来很复杂的事情到最后可能出奇的简单。见表格 1.5 中的 K、L、M 三点。

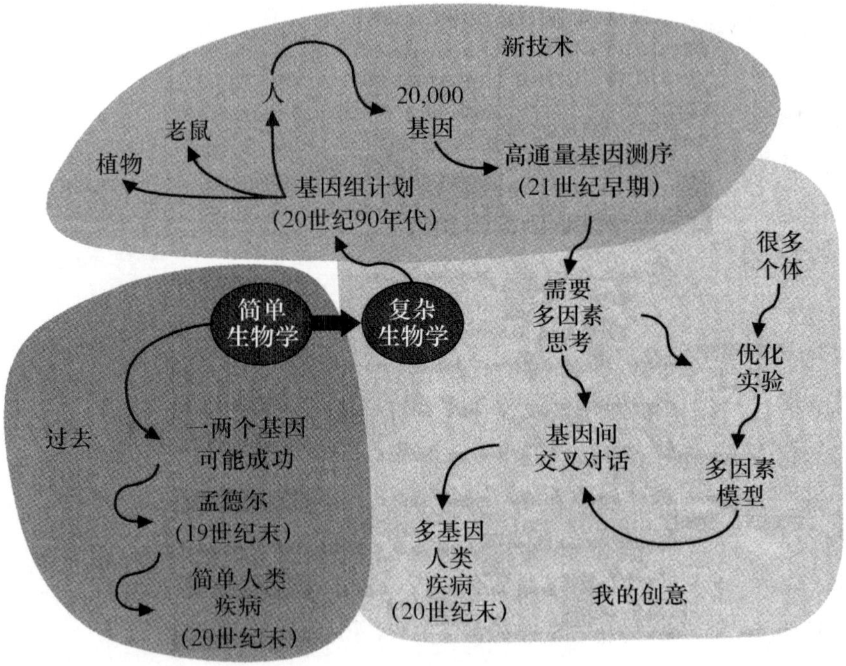

图 1.3 头脑地图示例：如何把表格 1.6 中创意变得可视化

第六步

一加一等于二，不是吗？错！一个人加上另一个人能力可远超两人，这就是协同作用的意义，所以调动起其他人的才干吧！应跳出现有的思维模式寻找合作伙伴一起讨论。例如，如果你是语言学家，考虑与一位研究DNA的生物学家对话（DNA是自然的语言）。或者，如果你现在是硕士或博士生，考虑转移到另一所能对你研究题目提供最好科研条件的大学吧：为什么不在你所研究领域的顶尖研究机构完成博士或博士后训练呢？ 或者至少尝试安排一次对这些地方的工作访问吧！你将有机会接近他或她的顶级科研基础设施，在那些顶级科学家的经验之上构建你的创意，仔细考虑一下这些行动。也有多人有这样的经历，即便没有从其他人处得到什么反馈，通过向他人解释某个问题也可以获得帮助：早在其他人理解你的问题之前，你就会意识到自己忽略了一些东西。带着新见解，在其他人还在困惑时，你早已迅速解决了这个问题。与他人交谈时也记得倾听自己！见表1.5中的点N、O、P和Q。

第七步

逻辑上，问题肯定是艰巨而难以解决的：因为没有人解决过它！。第2~6步可能耗时巨大，所以你要坚持下去，也许你还得把所有业余时间都花在第2、4、5步上。将解谜变成你的爱好，让它变得有趣，但若进展太慢也不要失去你的尊严。如果你害怕赶不上申请课题的截止日期，考虑第二年再试。或者说，是的，也许你需要变得更现实一点，接受这个现实：你“无法将阿尔茨海默病治愈”，但是可以研究“为何大多数阿尔茨海默病患者的大脑中都有毒性蛋白聚集”。

第八步

您现在可能已经有了一个很好的创意，只是需要说服小组成员和评审，你的想法值得投资。但是，此刻，你的假说已经不仅仅是假说了，而是一个可以得到解决方案的想法。为什么评审专家们要相信你？你需要一些手段来证明你的想法是确实可信的（见下节）。你还需要一个完备的工作计划，令人信服地展示出你可以完成从假设到证实猜想的全过程（见下一章）。读下去，了解如何与他人沟通你的想法。如果你想阅读内容了解创造力及好想法从何而来，请继续阅"延伸阅读"部分。顺便说一句，你觉得如果仅用 3 条直线连接图 1.2 中的所有点（且不提起笔）可能吗？仅用一条直线呢？

讲者趣闻：

心衰

一班即将毕业的医学生被要求写一篇关于肾衰竭的个人项目标书——这是课程协调员最喜欢的题目也是最擅长的领域——没有什么比研究肾脏更让人兴奋的了，对不对？也许学生们因此能积累真正申请基金支持时有用的点滴片段——谁知道呢？所以学生们接到了一张近期文献的清单，要求想出一个研究课题的新点子。但不幸的是，学生们非常纠结并且怨声载道，根本没有任何兴奋可言。他们想不出任何具有挖掘潜质的假设，答卷一片空白。发生了什么事？毕竟，这些都是极具天分的、马上要达到医学博士水平的学生，但他们完完全全地失败了，让人沮丧又惊讶，没有人有好点子。

小组讨论发现了问题所在。当被问及哪门课是他们最喜欢的，每个学生的答案都不同，但没有一个人提到肾脏疾病相关的课程。额……

对于老师，结果是显而易见的。学生们滔滔不绝地谈论着他们喜欢的课程，兴奋极了……撰写肾衰竭标书的时候可看不到这种场景。这也让教师改变了他的计划：让学生自己挑选题目，自己搜索《科学》《自然》《柳叶刀》等杂志中的热门文献。有了这些论文，有趣的想法思如泉涌。白卷很快被缤纷的思维地图填满，从上面可以看到令人眼花缭乱的疯狂的想法在流动。多么大的变化！梦想触动内心，授予人力量，但只有梦想属于你自己的时候才有这种魔力。所以是什么导致刚开始的课程计划失败的？

试一试 大不同！

拿些白纸（或笔记本电脑、平板电脑或你随身携带的个人文件夹），在未来几天全身心投入于头脑风暴和头脑静止，努力寻求充满激情的创意。把想法列出来，画一个与前章节中提到的相似的思维地图，将你关于研究领域、研究问题、最先进科学技术、主要瓶颈及假说解决方案的思考过程进行整合并将之可视化。也许你可以邀请一个或多个学生、同事或导师一起参与头脑风暴，为你的思维地图及寻找如何走得更远的方法提供建议。如果你有更适合自己的其他做笔记的方式，请告诉我！发送邮件至 info@talent4science.eu ，以飨本书未来版本的读者。

1.4

战　略

资助机构小组将评估你的简历、想法、研究计划。值得思考的是，如何从战略上在三个标准上为自己加分，我将逐一进行讨论。

简　历

简历（curriculum vitae, CV）在申请科研基金时非常重要，可用于评估你过去的表现。你已经将所有激动人心可以展现你（顶级）科学天赋的事实都记录在简历上了吗？你的记录如果不比同龄人更强是否至少与他们平手呢？基金的竞争是非常残酷的，因此你必须在简历中展现出出人意料、独一无二的能力，以证明你在同龄人中科学素养之卓越。若在递交截止日期前你仍有时间，你可以计划一些活动并将这些信息添加至你的简历：如安排对著名科学家实验室的短暂拜访，或组织一次只有被邀请才能参加的关于标书中研究主题的专题讨论会。通过添加额外可能与标书本身无关的材料让你的个人网页变得更有吸引力，例如，PDF 版的文章、博客或你自己编程的软件。你应该注册一个专属的研究员 ID，若你还未注册可通过 www.researcherID.com 或 http://about.orcid.org or htpp://scholar.google.com/citations 等进行注册。随后建立一个只包含论文的列表，列出你作为作者的论文。如果你曾使用不同版本姓名发表文章，专属 ID 将会帮助确认你的工作，例如：你的名字为 Anthony 但总被叫作 Tony，发表文章时作者署名就可能是“A.Smith”或“T.Smith”。对于非英语姓名或姓氏复杂或姓双姓的人来说，专属 ID 就非常有用了。它还可以清楚地将你发表的文章与其他同姓作者的文章区分开。专属 ID 意味着小组成员与评审者可以迅速查看你的公众形象及各种论文引用指标。

创 意

前面的章节中我已经描述了如何获得更好创意的方式。你标书中的创意应永远是前瞻性的。不仅是你，小组成员或评审者都没有水晶球可预知项目可能的结果以及是否会成功。与现有认知所冲突的新颖的想法遇到的质疑可能会远多于热情——标书落选。举个例子，《你说你想要一场革命：采访帕特·布朗》（PLoS Genetics, 2009 年 7 月）一文讲述了如何让他的革命性想法得到资金支持而付出的努力。你应该适应标书读者的节奏，理解他们必须具备批判性（毕竟，这是科学的基础），改变观点需要时间与事实。你需要帮助他们做出转变。他们首先想看到的是来自预实验的支持证据（图 1.4）。尽管相比其他基金，科研基金的申请成功率稍高，你最好能先得到一些初步证据，并在标书支持材料部分展示：在小组成员和评审者的眼中你的想法必须是有一定道理的。你的沟通方式也必须是具有说服力的。尽量清楚地阐释风险（如果计划 A 失败了你是否有计划 B？）和潜在获益（若你的项目成功了，将会得到什么？）。当你的阐述仍很模糊或无支持证据时，应顶住提交科研标书的压力。撰写短的意见或观点论文（如 1~2 页纸）投给你所在领域的杂志，可作为递交标书前的试探，是一种有趣的检验创意的方式。若它被接受了，杂志社邀请你撰写一篇完整的论文并将其发表，那么小组成员与评审者可能会认为你的创意是具有前景的。如果杂志拒绝了你的请求，你仍需尽量得到一些反馈以修正你的想法。如果你觉得撰写观点论文所需的工作及时间是你不能承受的，请见第二章中关于愿景和影响力的部分。第三章中阐述了为何撰写这样一篇短小的观点论文可以成为撰写完整标书的有用步骤。

计 划

如何才能把工作计划变为最可能得以执行的方式呢？挖掘资助机构网站中的信息很有意义，收集尽量多的关于该机构及早前成功申请的标书的信息（如题目、摘要、姓名等），然后通过电子邮件、电话，或最好当面访问等形式向曾经申请成功的人寻求建议，当他们看到你是多么认真的时候，你还有希望得到一份他们申请成功的标书。向成功者学习，使用申请成功的标书作为自己申请书的基本模板（当然，需要尊重他们的版权）从来都不是一件坏事。同时，你可以尽量去与一位基金获得者建立联系，当你们关系较熟悉时邀请他或她成为你的"科研申请导师"。基金申请导师，就像祖父母一样，需要做很多事：他们可以是与你在标书中任何方面问题切磋的对手（请见第五章"导师指导"部分的趣事作为证明）。他们的工作不仅仅是在这里加一个逗号或那里加一个句号，更重要的是他们通过对你的观点和标书文本给予批判性意见而支持你。同时，你还需要决定提交（或不提交）申请的合适时间。如果你时间充裕，可以买一本有关写作技巧的书来读，读《科学美国人》或《科学家》将有助于了解在叙述科学故事时什么确定是好的写作风格。

资助机构工作人员趣事

一朝被蛇咬，十年怕井绳

我的科研基金申请标书被拒绝了。评审们无情地指出我的"初学者错误"：如我过度热情地做出了在他们看来不可能完成的工作量的承诺。好吧，也许他们是对的——但即便他们是错的，我也没能让他们相信我可以做到。正值向我第一份在大学独立研究职位的过渡期，我仍旧想要也需要科研基金的资金支持与学术地位认可。我真的相信我可以做得更好，绝对不会允许自己再被拒绝。但如何做到呢？我决定打三张牌（后来效果似乎出乎意料的好）。第一张牌，我没有足够的预算让我能腾出大量的时间撰写研究标书，但我的相关主题的另一项目已经获得了资金支持，撰写科学论文无疑可作为该项目的产出。所以，我为什么不撰写一篇关于我自己想法的“未来观点”论文并投稿呢？我也是这么做的。我花了3个月修改了被拒的标书，将其改进成了一篇论文（有很大改进）。

第二张牌是我鼓足勇气联系了一位高影响力杂志的编辑，将我多次重写的手稿发给她。多次重写？这位编辑对我的想法很感兴趣，很快便将她修改后的版本发给了我：就像一场地震，文章在她手中发生了翻天覆地的变化，文本中充满了英语语句的修改，段落和要点被移动，到处可见问号让我澄清我的观点或确认她的陈述正确地表达了我想说的观点。这下你就会懂了，我从来没有考虑过雇用编辑或英语母语者，但是现在我得到了“二合一”的帮助（而且是免费的）。我发表了一篇很好的文章（作为额外参考这将对我的简历有益），并在我的申请书中（现在已经更好了）插入了这段新文本。随后，我打了第三张牌。通过积极联系，我与一位我目标资助机构的董事会前任成员熟悉了，同时我还与某个小组的前任主席建立了联系。我大胆询问他们是否愿意快速浏览我修订后的标书。是的，事实上，他们两人都给我回馈了一封短信（大概三分之一页纸），上面写满了对进一步提高标书质量有帮助的建议和指导。故事的结尾：我得到了科研基金。一朝被蛇咬，十年怕井绳？不，不要害羞，一点都不要！

试一试 Stratego®3[1]

为了使你的标书以最可能中选的方式呈现，你的策略是什么？这个练

1 Stratego® 是一项包含不完全信息及心理方面因素的棋盘游戏。它需要清晰的战略思想和真正未雨绸缪的计划。

习将要挑战你制定与执行策略的能力。下表中（表 1.7~ 表 1.10），三个评估申请者的主要标准中的任一个，邀请你分别明确你觉得自己可以做些什么、你想如何实现它及何时应交出答卷。做到 SMARTI：具体（specific）、可量化（measurable）、可接受（acceptable）、现实的（realistic）、时间相关的（time-dependent），最后但同样重要的鼓舞人心（inspiring）。评审者们更喜欢 SMARTI 的标书远胜于聪明的（SMART）的标书（当然，更加远胜于非 SMARTI 的那些含糊而无聊的标书）。为什么不和其他人（比如你的同学或同事们）讨论一下已经完成的表格呢？你可能会忽视简历、想法或工作计划中的弱点，其他人可以很快地帮助你指出它们。

表 1.7 SMARTI 缩写

SMARTI	
S	具体（specific）
M	可量化（measurable）
A	可接受（acceptable）
R	现实的（realistic）
T	时间相关的（time-dependent）
I	鼓舞人心的（ inspiring）

表 1.8 完善简历的方式

简历		
什么	如何	时间
针对研究课题的小型封闭式专题讨论会	邀请最多 20 位活跃于该领域的专家	6 个月内

表 1.9 完善创意的方式

想法		
什么	如何	时间
利用公开可获得的材料进行预实验	从国外订购材料	实验开始前 1 月

表 1.10 完善战略的方式

想法		
什么	如何	时间
我观察到一个很棒的副产出；需对其影响力进行验证	与大学知识转移人员交流沟通	研究申请标书第一版草稿就绪后尽快开始

2

“我们做什么和我们有能力做什么之间的差异足以解决世界上的大部分难题。”

圣雄甘地

印度国民大会党领袖，印度作家、哲学家，1869—1948

机 构

2.1

引 言

是的，你的目标是提出你的科研想法并获得研究资助。但是究竟有哪些资助机会可以争取？哪些机构会帮助你获得资助并发展你的研究？你希望申请的资助机构的条款和条件又是什么？它们是如何吸引你的？

你可能直接忽略了这些问题而直接开始写研究计划，直到写不出来为止。或许你能做得很好——谁知道呢？但是如果你的确是严肃认真的，那么你可能会在动笔之前考虑读一读这一章，来了解更多关于资助机构的事情。如果你想“玩”这个“游戏”，使你最大程度上能获得研究资助，那么你必须知道如何“玩游戏”，规则又是什么。这里给本章内容提供了一些关键词：

■ **目标**。资助机构究竟想把科研经费资助给什么类型的研究者？他们对这些获得资助的研究者有着怎样的期待？对于这些问题你都准备好答案了吗？他们的目标是什么？你的目标又是什么？

■ **手册**。查找相关网站并下载手册，来搜索各资助机构提供的资助机会。哪个机构能够提供符合你的科研想法的资助？

■ **步骤**。资助机构会规定评估资助对象的步骤和过程，以使他们认为最优秀的竞争者能够胜出。在申请之前，你需要更多地了解这些评估的步骤和过程。这对于成功申请资助是非常关键的。

■ **准则**。截止日期后提交申请势必导致资助申请的失败。还有很多其他愚蠢的行为会降低你的申请在评审及委员会眼中的价值。你应该学会如何避免它们。

2.2

目 标

你以追求科学事业为目标，那么获得一笔科研经费似乎是申请资助的终点。好吧，这可能依然遥远。或许你正站在起跑线上，而你的科研经费申请单上依然是一片空白。很好。但是，如果你不清楚自己的方向或者不知道终点在哪里就盲目开始写申请，这看起来并不是很有效率。因此，这一部分的内容就将问题集中于“终点”：资助机构或基金会何时会考虑给你提供资助？为什么会？这些资助机构有什么样的目的？你能帮助他们达到这样的目标吗？只有当你能够做到的时候，他们才可能考虑给你提供资助。

理解资助机构真正的目的。

你需要了解这些机构官员真正的想法。可能你以为资助机构的存在就是给你提供一笔资助而已。但其实资助机构可能有更重要的利益关系在其中。他们可能从政府、富有的捐助人或者公共财政支持中获得资助的资金。在此之后他们需要证明这笔资金用在实处。可以肯定的是，他们需要通过展示他们的项目对科学及社会所产生的影响来证明该项目的成功，并且希望至少能像事先承诺的影响那样。

对于科研资助项目，资助机构的目的实际上在于遴选和支持那些未来的科研领袖。这些科研领袖们最终会建立自己的科研团队甚至能有以自己名字命名的大楼。他们所带来的投资回报远高于其他人。他们会使自己的国家立于世界的科研版图上，或者创造具有重要政治、经济和社会价值的衍生产品。世界迫切并不断需要这样的科研领袖。

资助机构主要的目的是为社会遴选和输送最优秀的科研领袖。

因此最大的问题在于：你是那个可以帮助他们达到主要目的的人吗？你是未来的科研领袖吗？你需要将这个问题想得更深入一些：资助机构的目的是什么。这个问题的答案有时很隐蔽，你需要花时间去自我反思。你认为你自己可以成为一个团队领袖吗？可能不是现在，但是如果事情进行顺利的话，在未来中期或长期是否有可能？你认为自己能成为一个科研实验室、团队或者机构的领袖吗？这会是怎样的一种感觉？在你认真写资助申请时：如何能让你的领导能力突显？

你应该明白，资助机构会带领他们成功的桂冠者一起前行：他们会为你的结果感到骄傲，并希望向所有出版社和媒体推崇你，让你出现在流行的科学杂志及广播上、在网络及其他媒体上（无论是传统媒体还是社交媒体）（图 2.1）。你认为自己正在获得这样程度的公众曝光度吗？可能没有，或还没到这个程度。但是你需要知道，当你获得一项科研资助的时候，资助机构、你的教授以及大学董事会对你的态度会发生改变。你成为“戴桂冠的人”，你赢得了一项科研资助。你被同事们视为具有很大潜力的人，你才有可能在通往追求事业的阶梯上再往上迈，例如从博士后变成终身制教员，从固定期限的合同变成永久合同，从助理教授变成副教授，甚至正教授。但是在往上走的过程中，你的责任和义务也随之增加。这些你都准备好了吗？

图 2.1　科研资助：资助机构寻找科学界的未来领袖。罗马时期的获胜者，如恺撒大帝及其他皇帝，会头戴桂冠，在队列中走过凯旋门。现在，资助机构借助现代媒体将获胜者展示给公众。

你所青睐的资助机构是否对科研资助有类似“恺撒”这样的目的？你需要靠自己去发现这一点。但我敢打赌他们一定有。仔细阅读他们的指南并且思考一下他们提供的信息，他们实际说了什么，又暗示了什么。如果可能的话，可以与机构工作人员谈一谈，聊一聊他们更深远的目标。如果能在资助项目的终点对此有深刻的认识，你可以获得一个更好的，像“恺撒”或“埃及艳后”地位的资助申请。你会获得更高的评分，而且获得资助的概率更大。

当然，让一个年轻的 PhD 学生与一个科研项目团队领袖去竞争是没有意义的，让一个年轻的团队领袖与更年长的领袖去竞争也是同样道理。因此，资助项目会根据不同的科研阶段进行分级，分别提供资助，以此来逐步鼓励未来的科研领袖。

■ 学生。硕士学位的学生会找寻资助机会来资助他或她的 PhD 科研，或者 PhD 学生会为下一阶段的科研工作找寻资助，会选取他自己感兴趣的一个课题，挑选一个工作地点，由自己找的导师进行指导。这样的“人才基金”从 10 万美元到 15 万美元不等。

■ 初级研究员。例如，一名 PhD 学生或 PhD 毕业后有过 3 年工作经历的年轻博士后，希望为自己的项目找到资助机会。该资助需要覆盖申请者的工资以及实验和仪器的花费，此类工作大约需要 3 年，花费约为 30 万美元。如果有这样一笔资助，你便可以不需去做别人的项目，而可以自立门户，并有机会向别人证明，你可以达到这样的水平。你已经走在成为科研领袖的路上了！

■ 中级研究员。例如，PhD 毕业后工作经历在 3 至 12 年间的博士后，第一次为自己构建团队找寻资助机会。这样的资助需要覆盖申请者及一部分合作者的工资，并且提供一些实验及器材的费用。这样的研究大约为期 4 年时间，经费可能高达 100 万美元。获得这样的资助意味着你可以雇佣并且指导你自己的 PhD 学生，他们可以帮助你尽快将科研思路转变为具体的实验结果。你现在已经成为一个年轻而独立团队领袖，具有晋升为助理教授以及副教授的实力！

■ 高级研究员。例如，PhD 毕业后有超过 12 年工作经历的助理教授或正教授。你正在培养、激励和指导数名 PhD 学生及博士后。你有大量发表的文章，其中部分文章在圈内有很大影响力。现在你正在找寻机会资助大量的科研工作，并且希望能在科学领域前进一大步。这样的资助需要覆盖申请者及整个团队的工资，并且能够提供大型实验及器材的费用。该类资助经费约 200 万美元，为期需 5~6 年。作为该资助的持有者，你不需要担心浪费时间在写小项目的申请书上，相反，你可以更专注于你的研究。你现在是一个成熟的有声望的领袖，有望成为副教授及正教授。

作者轶事

从 aha 到 AHA

我一直致力于帮助那些希望申请荷兰科研创新基金项目的申请者，该项目是国家级科研资助项目的成功典范。我通常会以这个问题开始，“你认为资助机构在寻找什么？或者他们的目的是什么？”

标题中“创新”这个词已经告诉我们他们的目的了。我们都知道“创新”可适用于很多项目，并不仅是科研项目。那么我们可以假设资助机构对于科研项目的创新要求比普通项目的要求更高。啊哈（惊讶的）。

关于项目目的更具体的信息则反映在不同科研等级使用的名字上：VENI，初级科研工作者，VIDI，中级科研工作者，VICI，高级科研工作者。很好，实际上这三个等级的名字来自于恺撒的名言（Veni，vidi，vici：拉丁文的“我来了，我看到了，我征服了”）。在我的培训课程上，很多申请者此时会有这样的感觉——申请也不过如此嘛。

我则继续提问，“你真的确定吗？”或者“恺撒名言中的类比有更深层的含义吗？”很显然，只有当他们明白资助机构所寻找的其实是“科学界的恺撒”，他们才能开始理解普通项目与科研项目的不同，理解申请成功与否对他们事业带来的影响，理解他们需要在申请过程中展现出他们的科研领导潜力，以及提交他们最好的实验方案。啊哈（喜悦的）！

试一试 主要问题

在你开始科研申请探索时，最好能先思考以下的问题。

退一步，从一个资助机构的角度审视自己：

■ 你认为自己确实能成为未来的科研领袖吗？

■ 你如何说服资助机构及其外部评审员相信你的领导潜力？

■ 作为（未来）科研领袖，你目前缺少的是什么？

再退一步，从自己的角度审视自己：

■ 分析一下自己目前及未来工作与生活的平衡。对于目前的工作 - 生活平衡你满意吗？

■ 你理想中的工作 - 生活平衡是怎样的？

■“科研资助桂冠”的头衔，以及相应的追求、责任和义务能够给予你所要的生活方式吗？

■ 如果计划 A（此次申请）失败了，你还有计划 B 吗？

与你的导师、同学、同事以及家人讨论这些问题以及你的想法。你所申请的科研资助值得你为此付出的努力吗？

2.3

手 册

很多国家级和国际性的资助机构都为不同阶段的科学家提供不同的科研资助。而且如果他们不提供科研资助的话，他们会考虑开启一项科研资助项目！关注科研资助的申请公告及具体信息。项目申请不等人。根据以下关键词搜索目前的资助机会：

- 科研（事业）基金 (career grant)

以及很多同义词，比如

- 人才基金 (talent grant)
- 私人基金 (personal grant)
- 个人基金 (individual grant)
- 事业奖 (career award)
- 事业发展基金 (career development grant)
- 事业发展奖金 (career development fellowship)
- 事业综合基金 (career integration grant)

努力找到最契合你的理想方案的资助机会。见“补充阅读”查看链接。

表 2.1 此部分内容探讨的资助机构：摘录自各大网站关于科研资助及目的的内容

NIH 国立卫生研究院（美国）
NSF 国家科学基金会（美国）
ERC 欧洲研究委员会
HFSP 人类前沿科学计划
NWO 荷兰科学研究机构
DFG 德国研究基金会

在本节中，我会简单介绍一些科研资助项目的例子，其中 2 家科研机构来自美国，1 家来自欧洲，1 家来自全球科学基金机构，另 2 家为国家级的科研机构。我会展示一些网站的截图以及网站提供的手册来帮助你们更好地了解这些机构对于科研项目的目标是什么。通过阅读并学习他们不断重复的信息（有时很无聊）来了解他们的目的。因此，即便你不准备申请一些机构的资助项目，比如美国 NIH 的项目，阅读他们的文章仍然可以帮助你了解申请的全貌以及资助机构的官员。虽然网站信息在不断更新（比如，未来会强调更多关于科研对社会产生的影响），他们对于领导力的强调依然持续存在。最后，我建议你在写申请书时寻找资助——这要求很有可能来自你目前的雇佣者——以便你不会在写申请方案与工作或教学任务之间产生利益冲突。

国立卫生研究院 (National Institutes of Health，NIH)

在美国，NIH 会提供在线科研资助向导，能够直接引导你按正确的步骤进行操作 (http://grants.nih.gov/training/kwizard)。比如它会问："作为一名科研博士，您是否成功申请过独立的科研资助？"

如果回答"否"，则又会出现几个选项，包括科研相关的 NIH 独立之路奖（Pathway to Independence Award）："初始阶段会为特别有潜力的博士后提供 1～2 年的辅助支持。之后为寻求可能的独立研究岗位提供至多 3 年的支持。该 PI 奖项仅限于博士后。"

如果回答"是"，网页则自动跳转至独立科学家奖（The Independent Scientist Award, K02）基金："独立科学家奖（K02）致力于给新进的独立科学家们提供支持，条件是他们能证明他们需要一段时间的集中研究来提升科研实力。这一奖项是为了培养未来杰出的科学家，并使他们能充分施展潜力，为其所研究的领域做出卓越贡献。"

国家科学基金会 (NSF，National Science Foundation)

美国的 NSF(www.nsf.gov) 有一项叫做"教员早期事业发展奖（The Faculty Early Career Development [CAREER] Program）"的项目。这个奖项是"享有 NSF 最高声望的奖项，用于支持初级的教员，因为他们通过杰出的科研、卓越的教学成果并将两者与其机构的理念融为一体。这样的行为能够为终生领导教研融合的发展提供坚实的基础。"

欧洲研究委员会 (ERC，European Research Council)

欧盟最初提出两项主要的科研基金项目：一项初级研究员基金和一项高级研究员基金。这些项目由 ERC 中的 IDEAS 项目来操控（http://erc.europa.eu）。在几轮过后，他们发现那些更有经验的初级研究员（比如 PhD 毕业后有将近 12 年经验的人）比那些经验少于 7 年的初级研究员获得基金的概率更大。因此，为了给后者更多的机会，委员会决定将初级研究员基金再分成两类：一类给真正的初级研究员，一类给后来被称作"中级研究员"的研究员们。请注意，ERC 用了 IDEAS（想法）这个词来命名该项目：他们最大的兴趣点就是新的想法！这就是他们网页上所说的对于 ERC 初级基金："……致力于支持将要独立建立或合并一个科研团队并在欧洲开展独立研究的后起之秀们。该计划的目标是那些被证明有潜力成为独立科研领袖的研究者。该基金不仅会支持新的优秀科研团队的产生，还会加强对原有团队的巩固。”而 ERC 高级基金“致力于支持那些已通过自身能力成为独立科研领袖的研究者。ERC 高级基金允许在科学、工程以及学术等任一领域能力非凡的科研领袖去探究前沿科研”。虽然 EU 有很多科研基金项目，但是 ERC IDEAS 项目是这之中唯一一个能自由选题的项目，并且将由申请者的同行（科学家们）来负责对实验方案进行排名。而剩下其他的 EU 项目均有主题上的限制，将主题限定于他们所需要资助的科研类型。

人类前沿科学计划 (HFSP，Human Frontier Science Program)

HFSP 就是一个全球机构提供国际资助的典型例子：科研基金将授予那些不同国家和不同学科的研究者共同参与的创新合作项目。那些返回自己祖国的 HFSP 会员才有资格申请事业发展奖（Career Development Award，CDA）。“CDA 项目是为了鼓励前 HFSP 会员回到祖国，在自己的实验室中独立开展原创型研究。CDA 项目的申请者需要提交一份原创的前沿科研计划，该计划能对生命科学领域的发展和进步产生重大意义，为遗留的问题提供新的解决方法。CDA 项目只对前 HFSP 会员开放。”

国家级科研基金

很多其他的国家或政府资助机构提供科研基金，例如 NWO（荷兰）或 DFG（德国）。具体链接见“补充阅读”部分。这些国家级科研资助项目值得关注：外国研究者也可以申请！例如，DFG 旨在：“为了给杰出的青年研究者提供迅速成长为科研领军人物的机会”，而 NWO 网站指出，“该计划的目标是鼓励独立的研究者，并且为有天赋的创新型研究者提供独立开展研究项目的机会。该项目的目标人群是那些杰出的创新人才，且对于有挑战性的开创性工作有足够的热情。他们还能够使别人信服他们的想法具有创新性和巨大潜力”。最后一句中强调了沟通的重要性：你可能十分确信你的想法是绝妙的，但你必须能让别人也确信这一点！

地区级

正如我们在前文所了解的：撰写一份成功的科研基金申请并不是一个下午就能完成的事情。这份任务可能会与你的其他任务冲突，尤其当你还不是一个独立研究者时。一些团队、学系或者大学会提供小额的基金来补偿你写申请或做任何试点项目所花费的时间（以及金钱）——只要你提交申请，就会得到这笔钱，无论你是否成功申请科研资助。好好利用这个机会！举个例子：“荷兰格罗宁根大学董事会，提供一项荣誉奖金给所有的申请者，以使他们专注于科研基金申请工作。”外部（国际）申请者通过与格罗宁根当地的科研团队进行合作来完成实验方案的撰写，他们也可以获得这笔奖金。

资助机构官员轶事

老大哥

我们支持具有创新性和高影响力的研究路线，给优秀的研究者提供颇具声望的科研基金。我们关注年轻的研究者群体，努力筛选出最具潜力的候选人，并且不断关注中级和高级研究者的发展。谁会成为现在和未来的科研领军人物？只需按动按钮，系统便能够生成所有对比和总结的数据。例如，发表的文章或引用数量对比年龄。这几年他们的发展趋势如何：匀速还是更好？我们会挖掘得更深。他们的研究方案是什么？能看出重要的趋势吗？当今科学界的重大问题是什么？对于哪些问题我们有合适的科研领袖？这些问题值得提供更多的基金吗？科学是发展的。你的新发现可以快速和/或根本上改变当前的科学格局。未来5年或10年的科研方案会是怎样的？我们像老大哥一样正注视着你：我们由下而上地了解更多关于未来的科研方案！

试一试 发现之旅

科研资助的世界对你而言可能是一片未知的领域。但是你仍然可以利用很多人和资源来帮助你发现并且征服新世界。

■ 这一资助机构或其国家级/地区级代表机构能够提供信息问询、面对面咨询会谈或培训机会吗？这一点值得考虑。以及，你应该何时去？去何地？请提前进行预约！如果该资助机构已经将PPT放在网页上的信息问询处了，那么，你还在等什么呢……？

■ 你认识有谁成功申请了以上这些资助机构（或者其他）的科研基金吗？请用所在机构的内部网站或互联网搜索资助名称，或请社交圈内人士进行推荐。不妨考虑给曾经的获奖者写封邮件——他们通常乐意与人分享经验。

■ 搜索这些资助机构的数据库以找到更多实验方案的标题及摘要，吸取成功的经验。更多链接请见“补充阅读”部分。

针对这些问题去寻找更具体的信息和答案。需要提醒的是，志在必得的申请者们会很快将建议付诸行动，所以请不要在早期就掉队哦！

2.4

步 骤

资助机构的网站上通常会提供大量相关的信息。请关注这些信息！最重要的信息是：

■ 表格（需填）

■ 格式（需遵守）

■ 截止日期（需完成）

■ 评价标准（需遵守）

但是其他信息也很重要：

■ 申请过程评价步骤的时间线

■（评审）专家组主席及成员

■ 提供奖项的名额

■ 过去提供的资助比例

■ 申请成功者的名字（获奖者）

■ 获奖申请的标题

■ 获奖申请的大致总结

■ 常问的问题（以及答案）

表 2.2 不同评审步骤的示例

步骤 A
1 专家组直接挑选并决议
步骤 B
1 专家组预挑选 2 外部专家评审已挑选的实验项目 3 专家组面试已挑选的候选人 4 专家组最终决议
步骤 C
1 专家组从简短的申请框架中挑选 2 外部专家评审申请的全部内容 3 专家组面试已挑选的候选人 4（根据主题）配对评估 5 联合专家组最终决议

资助机构会使筛选过程更有效率。毫无疑问，各机构的评审过程有很多共同点（见表 2.2）。这里我列出了一些主要的步骤，你在申请的过程中可能会遇到。

资助机构会挑选、邀请及任命有声望和有经验的研究者来担任评审专家组或委员会的成员。这样的专家组既不能太小也不能太大。大约 9 个人就可以覆盖主题广度（例如，生命科学或社会科学）的需求。专家组不可能无限度地处理申请（最多每次 30~60 份），如果申请者人数增加，则需要更多的专家组成员和更集中的主题评审。资助机构派遣一名工作人员支持专家组的工作，指导他们完成评审步骤，并进行整个过程的质量控制。专家组成员的任命期限可能为几年，因此去年的成员与今年的成员可能有很大程度的重叠。表 2.3 为“地球与生命科学”及“医学科学”主题下的专家构成。由此可见专业领域的不同，例如地球科学与生物化学，或者肾脏病学与心理学。

表 2.3

(a)“地球与生命科学”主题的评审专家组构成

姓名	专业领域
A 博士	进化生物学
B 博士	地球科学
C 博士	微生物基因组学
D 博士	生物化学
E 博士	沉积学
F 博士	发育生物学
G 博士	湖沼生物学
H 博士	理论生物学
I 博士	分子神经生物学

(b)“医学科学”主题的评审专家组构成

姓名	专业领域
A 博士	肾脏病学
B 博士	血液病学
C 博士	流行病学
D 博士	分子细胞生物学
E 博士	心理学
F 博士	实验免疫学
G 博士	儿科学
H 博士	心脏病
I 博士	呼吸系统疾病

显然，从表格中我们可以看出，专家组中的很多人对你的专业领域并不太了解。事实上，如果幸运的话，有一到两位专家可能对你的领域有一定专业知识，能够捕捉到你申请中的些许细节。

专家组成员主要参照 3 个主要标准：(C1) 申请者的素质，(C2) 科研想法的创新性及它可能带来的影响，(C3) 整个科研计划的质量及可行性（包括人员、支出以及达成目标的策略）。对于科研资助来说，申请者本身的素质（你过去的成果）比在任何其他类型的资助中都来得重要：记住，这样的资助也是表彰你过去的成果。图 2.2 总结了专家组所寻找的目标特点。

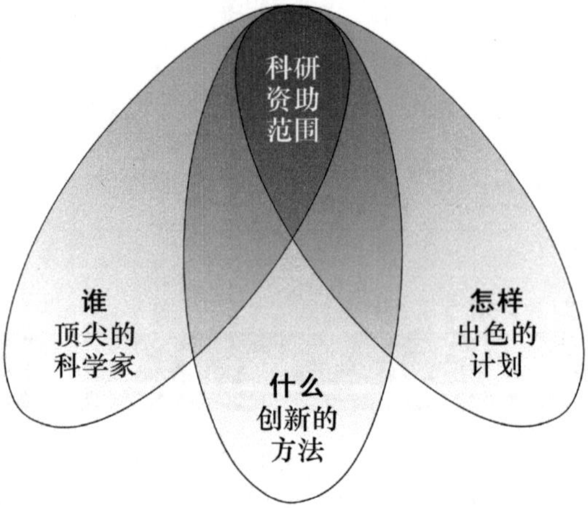

图 2.2　科研资助的 3 个主要标准：C1 申请者的素质，C2 科研项目的创新性，C3 实验方案的质量。

专家组成员是活跃的科学家，他们也有自己的科研工作。现在他们需要花费一定的时间来评估其他人的工作。希望他们能够享受这样的工作，能够认识这些年轻、有雄心、成长迅速又有天赋的研究者。但是如果他们答应加入专家组只是为了美化自己的简历呢？或者可能只是他们不能拒绝加入——必须有人来做这项艰难的工作。他们必须审阅所有的申请；但是这并不是读文献，他们不能停下来，把申请表扔一边而去找与自己科研项目相关的文献来读。他们必须审阅所有的申请，哪怕这份申请与他的领域完全不相关——或者更糟糕——无聊透顶。想象一下工作量：花 10 分钟快速浏览单份申请；总共 30 份申请，这就要花 5 个小时时间连续工作！此外，试想一下他们能在 10 分钟内做什么？他们可以看你的标题，摘要，简历的部分细节以及浏览剩下的部分。所以你的信息展示得越好，评审就能在宝贵的 10 分钟内获得越多细节。你要知道，专家组会开展讨论会，逐一讨论每一份申请。所以他们需要在快速阅读之后记住每一份申请的标题及细节。在这一环节他们也可以审查申请，但时间非常有限。这就是为什么一再强调需要将重要信息在申请里突出展现的原因。以下是书写申请过程中的指导原则：

■ 时刻要想到评审专家组的专家们，并提醒自己如何能使他们的工作更轻松些。

■ 最重要的信息一定要突显，以便能在快速浏览中被迅速捕捉

外部评审专家会被邀请参与商议及发表评论。他们的评论及你的反驳（对于评审的评论及问题给予的回答）会增加专家组审阅的工作量。

导师轶事

计划生育

在科学界，科研基金对事业发展的作用越来越重要。你，今天的年轻科学家，很可能正奋战于此。你是否希望最大化这份固定工作的机会，使每天的工作都充满好奇和乐趣？那么就去申请科研基金！但

是这是否就意味着我们会在科研中看到如体育比赛中看到的那样？[1] 如果体育比赛的年龄界限定位1月1日，那么“最优秀”的年轻运动员就是那些很有天分并且在1月或2月出生的年轻小伙子和小姑娘们。如果这一界限在9月1日，那么当且仅当你很有天分且生日在9月或10月时，你才有机会成为非常有名且富有的运动员。作为一名PhD学生，如果你知道递交申请的截止日期通常在1月份，并且你只能在PhD毕业3年之后才能申请，你会怎么做？大多数PhD学生都不能把他们的毕业时间安排在1月或2月——这是由他们的财务合同、项目计划、学校规定或导师安排决定的。在很多时候，资助机构会非常“人性化”，可以使你毕业之后的3年内有时间处理严重的健康问题。同样，怀孕和幼育问题也是基金延期的两个好理由。所以我们现在是否可以建议那些雄心勃勃却又意外在错误月份毕业的博士后们尽快怀孕生子呢？

试一试

如何俘获专家评审的心？这一练习向你展示了如何收集和解读专家组成员构成及其过去成果的信息。

■ 在资助机构上搜索专家组成员（姓名，专业领域，所属机构）。

■ 创建一个评审团地图：将专家组成员置于一个二维或三维的图中，地图上的距离代表学科（图2.3展示的是“地球与生命科学”专家组构成图）。

1 Malclom Gladwell（2009）Outliers,Penguin Books Ltd.

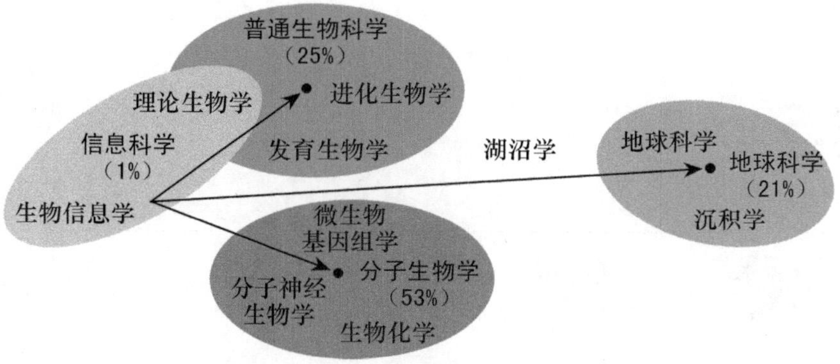

图 2.3 图例为生物信息学申请者所绘制的“地球与生命科学”专家组图示。申请者的专业领域在专家组的兴趣中心之外，与一位来自信息生物学的评审最接近，离另两位普通生物学及三位分子生物学的评审较远，离另两位地球科学评审最远。两组生物相关的专家评审在评分过程中占比最重。

■ 获取与你研究领域接近的成功申请案例的摘要或全文；仔细研究这些实验方案——他们曾经说服了专家评审组！

■ 最后来解读这些信息：书写实验方案的过程中罗列所有的提示（例如，我的话题是好的，但仍与评估者的不够接近，所以我需要更好地解释概念，避免频繁使用艰深的专业词汇）：

a.……

b.……

c.……

d.……

■ 与前一部分“手册”的“试一试”练习中发现的研究者讨论你的解读。

2.5

准　则

无论是否如同你所期望的那样，（因为一次成功的基金申请而获得的）未来的自由与资助机构严苛的规则密不可分（但你必须去尊重这些规则）。如果违反基金申请机构的规则，在任何阶段对你的申请而言都是致命的。有些规则有截止日期，有些则需要提交的信息按照一定的格式，还有其他更高要求的比如伦理。请确认你知道这些规则：包括写在指南里的以及本领域的不成文规定。你一定不希望自己的科研方案被冠以“不合格”或“不被资助”。（你认为的）优秀的科研申请方案，却被评审或专家们发现其中某一点或几点主要的错误（导致方案被拒绝）。这一部分主要探讨在申请过程中你需要避免的几种类型的错误。

截止时间

在截止时间之后提交申请是最致命的错误。这发生过吗？问问你的同事，你就会听到一系列可怕的故事，诸如有人注意到了截止日期是 9 月 1 日，但并没有注意到电子版的申请必须在中午 12 点之前提交。等到下午 2

点上传。仍然失败了。有一些人注意到了准确的时间，并且试图在截止时间前几分钟上传，但他忽略了时区的不同：他们的中午12点是资助机构的下午1点。甚至即便他们注意到了正确的时间，有些人由于网络繁忙的原因而不能及时上传他们的申请。太糟糕了。幸运的是，有些资助机构意识到了这些问题，于是允许申请者们先上传初稿，之后可以替换成终稿。这就意味着如果不能上传终稿，你可以用初稿先参与申请，但更好的是你要给自己足够的时间来上传终稿。

你的上司也可能会给你制造麻烦。你可能很晚才发现在内部评审过程中你需要官方签名，例如同意你的预算计划，或者证明你所在的机构确实能够支持你及你的工作，如果你能够拿到这笔资助的话。你非常高兴，申请终于结束了，而你所要做的只是一个官方的盖章和签名，比如学系/科室的领导。然而这些资深的领导们，虽然他们也很高兴可以为你的申请签名，但在你最需要他们的时候他们却环游世界去了……于是你错过了截止时间。

科研阶段分类，例如"初级""中级""高级"，会在指南中明确定义，尤其会明确指出申请者的博士后年限。注意核对这些信息，提前计划。有时候可能会有对于延期的条款说明，例如，怀孕、产假或是兼职的育幼期。适当的时候利用这些延期，不要认为自己申请成功的概率更低所以推迟申请。大多数资助机构会考虑到这些因素。尝试联系资助机构的行政人员并向他们获取书面确认，证明你的情况是符合申请要求的。你的申请在初级研究者中可能非常有竞争力，但重要的是你要知道，在接下来的这一年中，你究竟要递交申请（因为第二年太迟了）还是你仍然有一年的时间来提升你的简历。避免因为你的计算错误而与中级研究者们竞争。如果你在考虑是否申请中级研究者的资助，请确认你是否还有机会申请初级资助。不要将目标定得过高或因为高额的基金而变得盲目。高于初级资助的标准总比低于中级资助的标准好（因为中级研究者的资助可以等成功申请初级资助后再申请；评审专家会更看重这些之前获得过低级别资助的人）。

递交申请的时间同样重要。例如，你的简历上有很好的文章，但是“枯竭”——比如近两年都没有文章发表——将会是致命的：想从好文章中收获，或许你等待得太久了。如果你有（或即将有）文章发表在顶尖杂志上，那么现在就申请：因为评估员们喜欢投资蒸蒸日上的业务！

有些机构对于特定科研水平的申请递交次数有限制。有些人可能只有一次机会，或两至三次机会。有些申请方案在这次和下次申请之间可以提升很多，不要将有限次数的申请机会浪费在这些申请方案上。

格　式

你需要下载一个模板文件来填写申请。这会提示你所有必填项目，例如个人信息，方案标题和总结，科研课题、方法、工作计划、预算，以及你的简历。每一部分均有其对字数和 / 或页数的要求。如果违反了这些规定，你精彩而前沿的科研计划会被认为是“不合格的”并且被淘汰，因为给一名申请者提供更多的空间是不公平的。同样，对于字体大小、行间距、页边距也有严格规定，使阅读更方便更易于理解。你也许非常年轻并且视力很好，但你要知道很多评审专家已经超过 45 岁而且需要戴眼镜！

还有一些业内不成文的规定，例如如何在文中引用文献，如何在参考文献中列举所引用的文献等。主要的参考文献系统有两个，每个都有一些排列组合，例如文中只用参考文献的数字，在文件最后才展示具体的文献信息（被称为著者号或《温哥华格式》），或者在文中使用第一作者的名字及发表年限，在参考文献中按字母排序列出完整信息（作者年代格式或哈佛格式）。这两种格式均有其优势：数字引文格式不突兀，信息量少，而姓名年份的格式更明了，虽然可能会影响阅读的流畅性，但有时能给读者提供必要的信息。每一领域或杂志会采用自己的参考文献规定。与规定相违背会带来一定风险，所以别做过头。

排 版

所以格式是有规定的。那么这是否意味着就不能在排版上加入自己的风格了呢？显然不是。例如，你可以将文字对齐以更易阅读：通过使用 Tab 键和页边，将你的姓名、出生日期及出生地、通讯地址垂直排列。或者你可以将参考文献排成两列，使之区别于正文内容。抑或可以在各个部分中间插入空行，方便读者了解你的正文结构，同时可以将文字或段落加粗及加下划线，这会吸引评审的注意。这可以帮助评审更快地找到重要的信息。以上这些以及其他琐碎的排版技巧会使申请方案变得更赏心悦目，更利于评审理解。一份专业的排版能够很大程度上增加你的分数。学会如何使用编辑器的各种功能。

如果能插入几张（彩色）图片则更吸引人且更有效率——毕竟，“一图胜千言”，这种呈递信息的方式能节省字数。或许一个专业的插画家能做出非常棒的图片。将你的图片用低分辨率的黑白打印机打印，看是否依然清晰。图 2.4 在 PDF 文件中可能看起来很棒且有信息量，但在低分辨率的黑白打印之后变得糟糕且不专业。有些领域并不推崇图片并声称“如果你不能用文字表达，便不是严肃认真的态度”——在这样的情况下使用图片便会降低申请成功的概率。

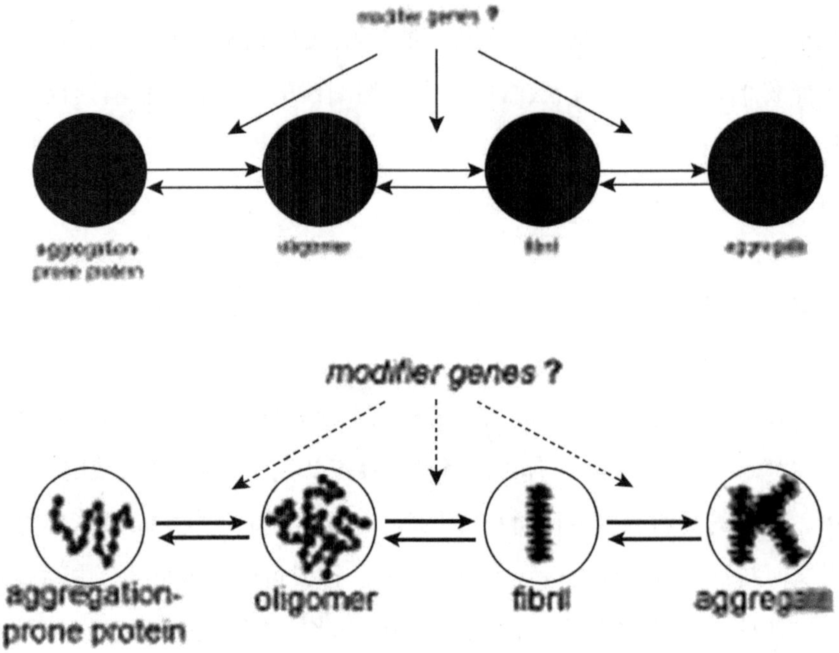

图 2.4　图片设计得如何，打印的效果便能体现。上图：原版的彩色图片在黑白打印机下分辨率较低，看起来并不美观且不适宜。下图：改变圆内背景和内容的颜色，增加线条的宽度及字体大小即可解决这样的问题：虽然并不完美但在低分辨率的黑白打印下仍可阅读。

风　格

你的文字将你的科研方案呈现给读者；很可能会使用英文。如果你的母语是英语，那么你就有巨大的优势。但是母语为英语的科学家可能会使用大量词汇使得非英语母语的评审专家难于理解。而非英语母语国家的申请者所写的文字——词汇简单且句子短——易被非英语母语的评审理解。这就使科学中使用的语言成为破碎的英语，而不是流利的英式或美式英语。然而，如果一篇科学文章用拙劣的语言或蹩脚的术语所拼凑，这也不易于读者理解。因此，如果你的语言功底不能胜任，最好寻找专业的帮助，或高年资同事的帮助。缺乏经验的（便宜的）编辑只能做一些表面的修改（加句号，逗号，或者对句子结构进行细微调整），因此不是特别有帮助：一分钱一分货。寻求高年资同事的帮助同样也很便宜（可能会花掉一瓶酒的钱）但是会很实用，如果他们英语很好的话（但这仍不能使他们成为一个好的编辑）。专业的科学编辑会花掉你上百美元。虽然你在还没获得申请成功的收益之前就要付出这笔费用，但是希望这份潜在的收益会说服你的导师或老板为你付这笔编辑费。

印刷错误，语法错误，冗长复杂的句子，刻板的语言或专业术语堆砌：这些问题以及其他的排版问题确实会让大多数评审感到头痛。可以尝试阅读高水平的杂志如《自然》或《科学》上的评论或新闻与观点版块的文章，或者流行的科学杂志如《科学美国人》或《科学家》，也许能对好的写作风格有更好的感觉。

向周围不同的人询问他们的意见和建议，以便提交之前能修改得更好（比如有些人对印刷错误尤其挑剔，相比于其他人来说）。表 2.4 的示例展示了一名非专业人士对于一段描述不清的文字所提出的问题。你可以提前解决申请中所有潜在的问题！记住，即便 6 名评审专家都很喜欢你的课题计划，而另外 3 名因为印刷或其他格式、排版的问题而有意或无意地感到不满意。这样一来，你的平均分数可能会受到影响（如果每个评审的评分比重相同），你就有可能从“可被资助”退到“不可被资助”。聘任一名英语为母语的编辑进行格式、语言以及内容的修改反馈对于大多数申请者而言都是值得的，无论是英语母语还是非英语母语的科学家。

表 2.4 一名评审阅读某申请摘要第一段时提出的四点疑问

宗教是今天欧洲文化和政治辩论最有争议[1]的一个话题。面对意识形态和宗教[2]的激进主义，多文化及移民的挑战，以及欧洲社会关于共同价值观的热烈讨论，欧洲人意识[3]到世俗化的描述已然不再有效。与大多数的期望相反[4]，宗教在世俗主义的影响下没有成为从属组织或销声匿迹。

1 有争议？但是后一句写的是“欧洲人意识到”。如果我们都这么认为的话就不会有争议了……

2 第一句话讨论了宗教，第二句讨论了意识形态和宗教。这让我很困惑：意识形态比宗教重要吗？为什么是“意识形态和宗教”的顺序，而不是“宗教和意识形态”呢？

3 你如何知道（所有）欧洲人的想法？我意识到这一点了吗？如果没有，你的说法显然是不对的……

4 与谁的期望相反？前一句话已经说明了我们都同意这一点……

伦理问题

成文或不成文的不言而喻的科研专业准则对于任何形式的申请都适用。一定不能伪造简历（标准 C1），不能窃取别人的想法（标准 C2），不能谎造实验方案的可行性（标准 C3），不能修改原始数据，也不能为项目 A 申请但把这笔钱用在项目 B 上等等。

很多特定的伦理相关规定也同样适用。你需要通过相关伦理委员会或科研机构的审批后才能进行研究，例如，人类组织胚胎干细胞、胚胎组织、儿童、患者、健康志愿者、无法提供知情告知的人、遗传或个人信息、患者的随访与观察、实验动物或是农场动物、转基因或克隆生物材料。

任何对于人类潜在的危险或不利应该被指出，例如你的工作有潜在的军队使用（或滥用）的相关可能，或潜在的恐怖组织滥用可能。实验方案中未考虑或写明伦理问题相关的说明可能意味着方案被拒绝或最终决议被推迟。注意核对你是否需要来自伦理委员会的官方签名；更多伦理委员会相关链接见“深度阅读”部分。

评审轶事

姓名中隐藏了什么？

当评审一份科研申请时，我看到以下这样一份表格。

表 2.5 合作者

John Smith 教授	某某大学	遗传学
Tony Brown 教授	某某大学	蛋白组学
Jane Doe 博士	某某大学	代谢组学
R. Jansen 教授	格罗宁根大学	生物信息学
T. Piersma 教授	格罗宁根大学	生态学

这位申请者清晰地建立了一个团队，拥有各个不同学科背景合作者的支持来达成计划。初看这份计划我挺满意。然后我注意到了前三位合作者的名字“John”“Tony”“Jane”，而另两位合作者只有首字母“R”和“T”。奇怪。会不会前三个人都是好朋友所以他自然地把名字写全了？但是，等一下，我知道“R. Jansen”这个人在格罗宁根大学并且是一本书的作者——让我看看——他的名字有两个字母“R. C. Jansen”。现在我明白了，如果他看过这份申请的初稿，他一定会修改这一点。我很遗憾这两点（没有名字 + 首字母不全）只能证明这项合作并不能被重视——或者更糟糕——这位申请者列举了一些合作者而他们并不知道这一点。这在科学界是非常让人难以接受的做法，会直接导致申请资格的取消。由此可见，这一份小表格就能让我给出可以拒绝这份申请的分数。

试一试 专业编辑（professionel editiing）

确实，这份练习的标题有两处拼写错误（注：正确拼写应为 professional editing）。专业编辑可以解决一些细微排版印刷问题（如果不修正会导致严重后果）以及很多其他问题。一名有经验的编辑会对文章结构、流畅性、信息冗余度、缺失的信息以及其他他/她能够想到的问题进行评论和修改。[1] 雇佣编辑的时间大约为一到两天而非数周（只要你提前提醒编辑何时需要看文章）。你可能持续工作数周以递交一份最好的申请，但是在你反复修改、重写之后，你已经不能客观地继续阅读了。你认为你在科研上最后的投资只值一笔非常低的编辑费？搜索互联网或向你的同事咨询对于科研项目申请有经验的专业编辑的姓名（或见“补充阅读”）。电话或邮件联系编辑咨询最后的润色建议！

1 编辑的笔记：“我认为我看到的 >50% 的申请在最后的版本中仍有至少 1 处错误，可能由于延迟 / 粗心修改所致！”

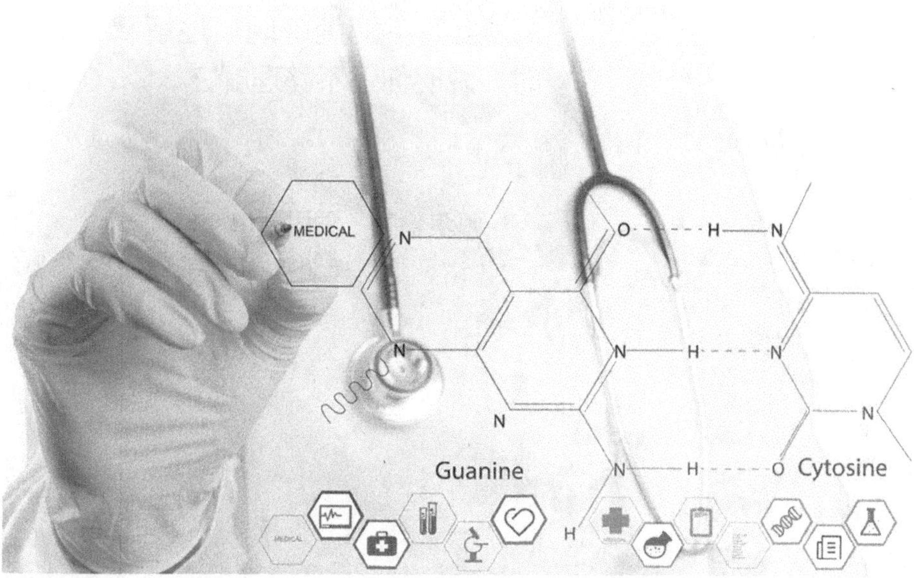
MEDICAL
N
O
H
N
N
H
N
N
N
N
Guanine
N
H
O
Cytosine
H
MEDICAL

3

当你不能简单明了地解释一件事时，说明你还不够理解它

阿尔伯特·爱因斯坦

（诺贝尔物理学奖获得者，1921）

标　书

3.1

引 言

至此，你已经完成了对资助机构和自己状态的分析，并借此制定了自己的战略。现在的你正跃跃欲试，摩拳擦掌，即将开始激动人心的标书书写环节。在此之前，我们有几条制胜法宝想和你分享：

■ **计划**。这是一份对未来科研工作的详尽脚本，包括科研工作的时间、地点、内容、参与者、进行顺序以及可能存在的风险。专家组和审稿人们都将对你的计划进行评估，他们中有人可能是你研究领域中的专家，而有人虽然并非该领域的大拿，却对科研项目的运作有着丰富的经验。如何才能使你的计划书令人信服呢？

■ **影响**。如果你的科研工作计划得以顺利实施，预期会取得哪些立竿见影的成果？又会有哪些长远的收获？如何才能让评审者们觉得你的预期是实事求是的？

■ **摘要**。你的摘要能否提炼出研究的主要问题、你的初衷、预期的成果以及你具备哪些能够揽下这桩“瓷器活”的“金刚钻”？

■ **题目**。你的题目能否清晰地反映出这份科研标书的意向？哪种题目格式最好用？

■ **预算**。你是否向资助机构申请了足够（且恰恰足够）完成标书中计划工作内容的资金？而你又如何合理地预估可能的花销？

■ **简历**。你是否在履历表里罗列了大量令人眼花缭乱的“事实”来证明你的领导力？而那些真正重要的部分是否能被突显出来？

3.2

计 划

如何从最初的灵光乍现一步步落实成一份完整可行的工作计划？也许有的幸运儿可以一蹴而就，但大多数人需要一个循序渐进的过程，将任务分解为几个阶段：

创意→1 到 2 页的提纲→完整的工作计划

当然，完整的工作计划必须严格遵守资助机构要求的书写格式。

从创意到提纲

我们建议你从目前研究瓶颈、你构想的解决方案、预实验结果（如果有的话）以及你的目标这 4 个部分开始写起（图 3.1）。这份提纲只是初步的构想，有待于通过和其他人（甚至可以包括你的祖母！）的讨论以及不同的反馈，进一步得以完善。因此，你需要将自己的创意以最精炼直接的方式表达在 1、2 页纸的提纲里，让大家不必耗费太多精力阅读一份鸿篇巨制就能开始与你讨论。表 3.1 是一份提纲示例，注意作者在 1 页 A4 纸的篇幅里将工作计划清晰地分解为了 4 个部分。整个提纲开门见山，让读者对研究的主要创新点一目了然，而粗体、斜体的应用以及排版方式让最重要的内容能迅，抓住读者的眼球。预实验结果可以稍后再行添加，目前这份提纲的内容已经足够用来和同事们探讨啦！

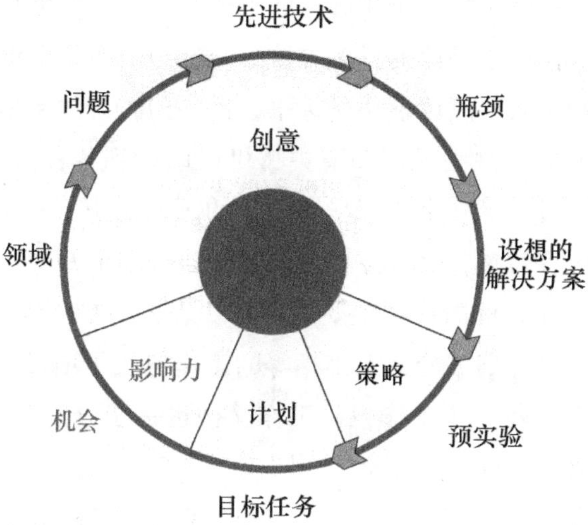

图 3.1　从创意到提纲：如何制订科学的工作计划

从提纲到完整的工作计划

现在，你需要以之前的提纲为基础完成一份完整的工作计划。注意资助机构对标书格式的具体要求。一般来说，一份工作计划首先要对其研究领域和所研究的问题进行基本的介绍。记住：绝大多数的评审委员并非你研究领域内的专家，因此浅显易懂的介绍更能获得他们的青睐。同时，对于那些对你研究领域相对熟悉的评审委员，以及作为外审委员的该领域专家，你也需要提供足够的细节来满足他们的要求。多多引用近期的、热门的参考文献来证明你熟知本领域的最新进展。

需要警惕的是两种极端情况：有的工作计划无视那些非专业领域内评审委员的需求，满篇术语，解释不足；另一些工作计划则本末倒置，花费了太多的笔墨讲解介绍背景，而留给方案构想、预实验证据和研究目标的篇幅所剩无几，然而这些内容才是评审委员、外审专家们评估的关键。在描述预期结论的时候要尽量具体，以免被冠以“漫无目的撒网打鱼”，甚至“为了科研而科研”的评价。

请严格遵照资助机构对于排版格式的要求！如果资助机构没有严格的规定，请尽量选择便于阅读的排版方式。要知道，重要资助机构的评审委员和外审专家们每天要阅读上百份标书，而一份符合约定俗成格式的标书可以节省很多时间：因为他们知道去哪里可以找到各种信息。举个例子，你可以将背景、目标等文字介绍采用通常的页面排版，而将工作任务、预期结果等详细内容写在一个个方框内，这样当评委们想要了解这些具体细节时，他们可以在方框内找到想要的内容。表 3.2 展示了一份欧盟申请书的经典排版。工作计划被分为大小相等的工作包或子项目，每一部分均有清晰的目标。对于每一个工作包，工作又被进一步分为若干独立的任务，每一个任务将取得与目标相对应的一项或多项产出（预期结果）。

表 3.3 展示了一份可以用来书写任务细节的改良版方框。这些细节必须包括实验结果（如：数据、模型等）的将如何被处理（如：统计分析、计算、理论推理等）和解读（如：方法学、生物学、物理学、社会学）。

Gantt 图表可以用来表现工作计划的整体结构、科研工作的进度以及项目中各任务间的相互关系（表 3.4）。你还需要对可能出现问题的解决方案进行讨论，例如：如果计划 A 失败，是否存在备用计划？不要小瞧这一项，欠妥的备用计划——甚至根本没有备用计划——可是评审中的重要失分点之一哟 ~-

一个独立科学家的絮语

商务舱

与其他职业一样，科学家们也常常要做“空中飞人”。笔者本人就常乘坐飞机赶往各地参加会议、访友休假或向资助机构递交标书。旅行本身可不是件轻松的事，难怪我也常想选择商务舱：美味的食物、宽敞舒适的座椅以及优先登机/离机权。当然，商务机可比经济舱贵多了，科学家们总是想把有限的预算都用在研究上。但是，我们难道不也是一群“商务人士”吗？只不过我们面对并不是通常意义上的“市场”。我们标书中的工作计划就像一份具体的商业计划书，而资助机构就像“银行家”一样挑剔地评估着投资我们计划可能带来的回报。尽管委员会们更重视科学意义上而非经济意义上的回报，只有最具竞争力的计划书才能最终通过审核。因此，在我们作为独立科学家的成长之路上，应该学着像商务人士们那样思考问题，找准市场定位，写出一份令人信服的工作计划。这不仅可以帮你获得资助，更会让你的事业开始腾飞！

试一试 把你的创意写下来。

这可能是全书最费时费力却也收获最多的练习：写一份 1 到 2 页的提纲，这份提纲能将你的创意精炼具体地表达出来，也是未来完整标书的基础。你既可以套用图 3.1 中的格式和表 3.1 中的例子，也可以自己来设计。

这份提纲既可以用来和你的祖父母分享，也可以和业内专家讨论并获得反馈意见。在他们的帮助下，再经过几轮修改，你就能以这份提纲为基础写出一份标书啦～当然，如果你足够野心勃勃（为什么不呢），它也可能成为一份（高分）期刊的观点稿件的雏形。

表 3.1 写一份 1 页提纲作为一份复杂的系统生物学项目标书的第一步

关于计划研究的描述
科学瓶颈：生物学和生物医学研究者们常以单因素或单基因模式进行研究。这种方法本身并无可厚非，但并不适于研究多因素参与并相互影响的复杂系统。

续表

关于计划研究的描述
解决方案：显而易见，多因素设计、建模和分析才是研究复杂系统最强大有效的方式。在系统生物学研究领域，由对少数个体进行单因素实验研究转变为对人群进行多因素实验研究正是本研究的最大创新点。 预实验证据：预实验正在进行中。[稍后加入结果] 目标及任务：我的实验目标将由以下任务逐步实现： 1. 复杂系统：设计多因素实验（博士生项目 1） 我的目标是设计出新的生物学及生物医学实验方法，通过对表现型与基因型进行大规模分析，以及应用多因素实验的统计学方法来研究复杂系统。 2. 复杂系统：建立表达差异的多因素模型（博士生项目 2） 我的目标是针对引起个体内及个体间生化性状差异的遗传学因素，构建出新的生物学、数学及统计学模型。这些新模型会拓展并反映我们对于多种遗传、环境与随机来源的差异以及各种生物分子学数据间相关 / 非相关性的理解，亦会进一步增强遗传学实验的效力与效率。 3. 复杂系统：建立表达分析的多因素方法（博士生项目 3） 我的目标是建立一套可以检测生物学变异的编码基因并阐释基因网络之间、环境变量之间关系的方法。我们需要应用高效的数学与统计学策略对任务 1 和 2 中的设计和模型进行高维度相互作用空间搜索。 4. 整合与协调 我的目标是通过电脑模拟与真实数据检测从科学及终端用户的角度评价任务 1~3 成果的效率、准确性与适用性。 我的目标是协调与优化科研进展的质量：在研究项目完成前，整合任务 1 ～ 3，发表科研成果，训练督导 3 名博士研究生，完成 3 份博士研究生论文，并参加国际复杂性状论坛。

表 3.2 欧盟常用的研究工作描述格式

工作包序号		起始日期	
工作包标题			
目标 1.（内容） 2.（内容）			

续表

工作描述 任务 1.（内容） 任务 2.（内容）
产出 产出 1.（内容） 产出 2.（内容）

表 3.3 任务描述方式的改良版

任务 A. 复杂系统：多因素试验的设计
目标 / 假说。（内容） 任务 A1/ 产出。（内容） 任务 A2/ 产出。（内容） 任务 A3/ 产出。（内容） 任务 A4/ 产出。（内容）

表 3.4 Gantt 图，可显示工作的结构、时间和各任务间的相互关系

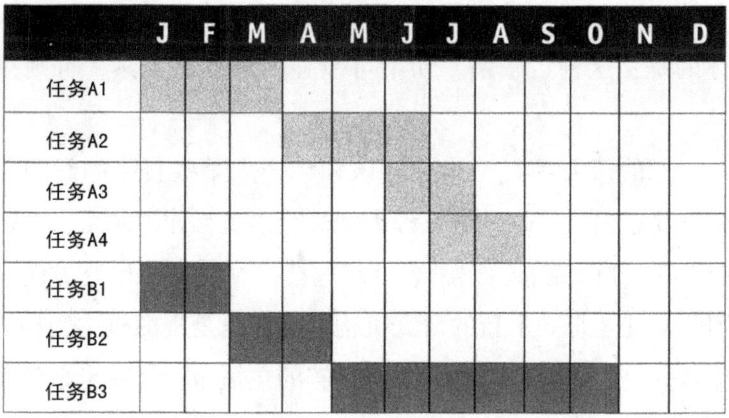

3.3

影 响

也许你坚信“为科学而科学”的足以成为资助你项目的理由，或许你觉得你的项目无需多言其科研、经济、社会或政治影响，理所当然应该得到资助，但评审委员们和外聘顾问们会这么想吗？恐怕不会。因此，把你的研究和大环境联系起来才能让它显得更为重要。讲讲如果你的研究解决了当前研究的瓶颈将会为该领域带来怎样的机遇，如果是纯基础领域的研究，就谈谈它有可能打开一扇新的大门，带来全新的知识，这甚至可能比在已知领域内进行的研究更有价值（图 3.2）。但必须提醒你的是：这种“联系”切不可牵强附会或想当然，否则只能适得其反。

首先，你的研究项目至少要对该领域产生某些直接的影响，最好还能有后续以及远期的影响，这三种影响又分别被称作“结果”“成果”“影响”。别忘了，你研究的远期影响可能包括一个崭新的研究方向、一个大型研究团队，甚至是一个新的研究机构。这些也是资助机构们提供资金扶持的重要目的之一，而你需要表现出足够的热情与渴望在未来的几年中将它们实现。

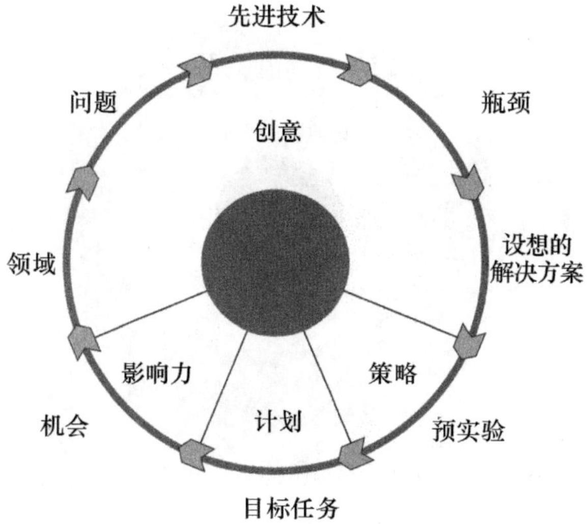

图 3.2

你还能想到哪些可能的影响呢？如图 3.3 所示，你研究的影响不仅涉及该领域本身，还可能涉及其他学科、社会、经济、政策等多个领域。想想图 3.2，你研究的潜在“用户”甚至包括那些正努力攻克同一研究瓶颈的同行们，他们可以是学生、老师、研究者或其他利益相关人员，你的研究将更新他们的知识。换句话说，所有可能与你研究相关的人们都是你的潜在“用户”。

表 3.5 列举了一些具体的研究影响的例子。当然，你不必拘泥于此，尽可放开思路，另辟蹊径，使你的研究在竞争者中脱颖而出。记得和你的资助者、同事们讨论核实，以免写出的研究影响过于牵强或易惹争议。

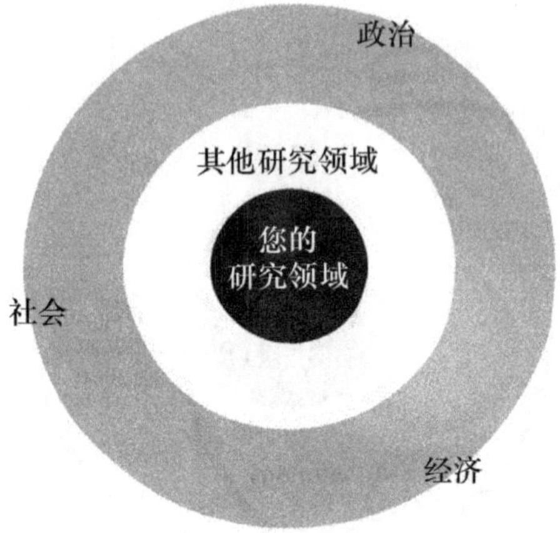

图 3.3

表 3.5

讲座	科普书籍
文章	纪录片视频
单印本	公共辩论
书籍章节	展览
博士论文	咨询报告
论坛	政策建议
训练课程	法规
暑期学校	治疗
网页	预防
数据	版权
模型	专利
方法	技术标准
知识	企业模式
数据库	储蓄
软件	收入
样稿	产品
概念验证	服务
计划书	顾问
用户手册	分析公司
手册	研究生
新学术项目	工业项目

那么现在，你提出了一个研究计划并设想出了诸多可能的影响，但它一定能获得评审委员们的青睐吗？稍安毋躁。好的产品如果没有明确的目标客户就难有用武之地，而好的产品即使有明确的目标客户，如果没有恰到好处的营销策略也无济于事：好的产品首先需要被目标客户了解。这些道理同样适用于你的研究。在科学杂志上发表可能是最标准但收效甚微的传播方式，每年有成百上千的文章在发表，仅仅发表几篇文章还不能算做真正的“影响”。因此，你还需要一个尽可能具体的计划，保证人们能够阅读和引用你的文章、应用你的研究结果。需要考虑的方面包括：

- 你的研究结果是什么？
- 谁需要你的结果？
- 他们为什么需要这些结果？
- 你如何向他们展示你的结果？
- 如何加工使得你的结果更易于被应用？
- 如何将以上几点整合起来？

表 3.6 继续前文中的案例（详见表 3.1）展示了“影响”部分需要包括哪些内容。也许该案例与你的研究领域相去甚远，但其包含的内容和细节却值得你在自己的研究计划中举一反三。只有这样才能让读者们相信你对于自己的研究将如何发挥影响已然成竹在胸。本节末尾的“试一试”环节也是大有裨益的练习。

表 3.6 影响部分示例（延续前文“计划”部分的例子，下划线内容与表 3.5 中的内容呼应）

直接影响：
这是一个基础研究项目。研究结果可直接被基础科学及实用科学研究者、遗传学讲师、基因组学讲师以及生物信息学讲师们应用。通过在科学杂志（影响因子 >10）上发表<u>文章</u>（观点、方法、应用等栏目）以及在学术会议上讲座，我们的

续表

直接影响：
研究结果将为人们所知。我还将举办第一届系统生物学研讨会（未来的网址：www.systemsgenetics.nl）。 研究的直接成果将由以下 3 部分组成： ■ 数据。我的研究将获得珍贵的数据，而这些数据资料将会向后来的研究者们免费开放，以期它们被进一步挖掘和整合。 ■ 软件。其他研究者们可以用我们的方法对他们自己的数据进行分析，加深对复杂遗传疾病及其表型的理解。 ■ 新观念的证据：新方法在数据中的应用将证明其较传统方法的优越性。 中期及远期影响： 我们的设想还包括与其他研究者联合发起新的科研项目，共同为复杂表型及其模式动物（如：大鼠、线虫、小鼠和植物等）的基础研究申请基金。同时，我也会继续目前已有的合作（详见简历）。 我们还希望能与产业合作，进行竞争前阶段的研究并实现其商业价值，例如：与农作物育种公司合作，研发可以抵抗多种作物病害、更符合市场要求的品种。我也有与食品工业合作的经历（详见简历）。 研究的间接影响将由以下 3 部分组成： ■ 对人类疾病的认识。我们的方法也可以应用于人类疾病的研究，只待研究费用降低到可以承受的范围内（预计 2～5 年内即可实现）。事实上，这也是目前为止唯一可以进一步用于人类疾病研究的方法。 ■ 治疗和预防人类疾病。遗传物质的多态性使得基于个体的研究结论难以推而广之到整个人群，而我们对于复杂系统的研究结果具备更强的普适性。因此，对于复杂系统的研究已经迫在眉睫，它将开启个体化医疗的大门。 ■ 节约与盈利。我们的研究方法可以同时对多个问题进行研究且精确性更高，因此科学界（既包括基金资助机构，也包括患者组织）可以节约更多的经费，同时获得更多的利润，使得资金投入的效率更高。

资助机构有时会要求更为具体的宣传计划，他们可能在网络上提供该研究领域的真实宣传案例。此外，你也可以寻求来自学校技术转换部门、外联部门、教学部门的帮助，第五章“支持”部分更详细地讨论了哪些部门可能帮助你制定更为专业的宣传及应用计划。

关于前文中的案例，表 7.1 给出了更详细的说明。

表 3.7　在标书的影响部分，你需要具体到如下程度

1）组织暑期课程	
What？	为期一周的生物信息学训练课程
Who？	生物信息学界的研究者（首选 PhD 和博士后们）
Why？	需要学习如何处理系统遗传学的数据
How？	在欧洲举办暑期课程，并协助在美国遗传实验室举办暑期课程。该课程预计在项目实施的第 3 年开始举办，相关的组织协调和公共关系事宜将由学校的暑期课程办及宣传办负责。
Ready？	课程资料有待进一步完善。
Funding？	准备额外申请来自我国、欧盟及美国的资金（如：居里夫人奖金）。
2）研发程序包	
What？	遗传定位复杂表型的 R 语言程序包
Who？	生物信息学界的研究者和从业人员
Why？	对未来的系统遗传学数据进行分析
How？	程序包将发布在 www.bioconductor.org 网站上，根据药品非临床研究质量管理规范，该程序包将免费用于学术研究，但需要许可方能用于商业用途。
Ready？	将试用版的界面制作得更友好，还需要完善并测试用户使用手册。
Funding？	本项工作将由学校的技术转换部门牵头，包括但不限于：向应用科学研究机构（如：科学转化基金）申请额外资金，或经我们或第三方之手将该程序包商业化。此前 BioPartner 的资金已通过数据分析和培训业务开始盈利创收。

你可以毫不费力地将表 3.7 中的内容改写成一个连续完整的段落，这也正是本节末尾“试一试”环节对你的训练。这里我们展示了一些非生物学领域标书的“影响”部分的摘要（表 3.8），希望它们能够给你带来灵感！其中来自历史学研究的影响：一批中世纪弗里斯兰语手稿的历史学研究会对当今法庭处理多民族问题产生影响，曾让一位资助机构委员感慨初读意料之外，再读情理之中，并成功获得了申请资金！

表 3.8 影响部分的摘选，表 3.5 中提到的影响种类用下划线标出

历史学领域：
现在的西方社会已丧失了追求荣誉的文化传统。对弗里斯兰传统的研究将会建立一个关于荣誉、个体和法律的<u>模型</u>。这个以个体为核心的模型有助于我们<u>学习</u>并理解非西方文化中现有的某些现象，如：妨碍个人与家族荣誉的行为仍会带来痛苦。我们会将荣誉文化研究的成果作为<u>论文</u>发表，还会举办弗里斯兰原始文稿的<u>展览</u>，并向公众展示我们递呈地区警务公作者与律师们的<u>咨询报告</u>。
经济学领域：
本研究项目将开发出一套面向仲裁机构的企业级产品，用于显示致“温室效应”的二氧化碳排放减少量。通过应用我们的研究<u>数据</u>与<u>模型</u>，企业将会为社会责任投资者们（SRI）提供更优质的产品。目前，我每月都会收到大量来自银行、非营利组织、研究平台及其他机构（详见原文）关于社会责任投资的<u>咨询</u>请求。这说明我们对相关领域研究的<u>数据</u>和<u>知识</u>已处于嗷嗷待哺的状态。
神学：
欧洲社会理应联合成为共同体，还是应当恢复各国家和地区原本的身份，此类争论仍不绝于耳。在欧洲社会建立之初，早期的罗马帝国也充斥着关于不同种族、文化及宗教之间的分合之论。在此背景之下，我们将和 BBC 合作录制一部 BBC <u>电视纪录片</u>，将我们关于欧洲社会起源的研究成果展现给广大观众。我们将在片中采访欧洲委员会成员，<u>探讨</u>旨在巩固目前欧盟联合的<u>政策</u>。（参与本项目的 BBC 工作人员和欧洲委员会成员的姓名及其贡献均在原文中列出。）

续表

物理学领域：
纳米技术在化学、医疗、食品等多个商业领域内的需求正以每年约 30% 的幅度激增（原文中包括该数据的来源）。多达 34% 的纳米技术公司亟需拥有强大交叉学科背景的 PhD 毕业生。而为这些企业提供交叉学科人才也将是本项目最直接也最重要的成果。本项目培养的毕业生们不仅具备必要的研究能力，更有项目管理与资金管理技能作为补充。

图 3.2 中影响部分是“标书环”的最后一步，这也暗示着当你成功完成了一个项目之后，即将开启新的一环。你的项目可能对研究领域、研究问题、研究现状和 / 或瓶颈产生了重要影响，但一项研究很难解决所有问题。因此，你可以卷土重来，进军下一个创意，而新创意的资金申请也有了之前资金的基础。完成第一轮“标书环”往往需要更多的时间和精力熟悉研究领域目前的情况，而此后再进行标书申请时就省时省力的多了，只需要做适当的更新即可。

最后一句忠告：去和你研究结果的潜在用户聊一聊，使用他们的语言和视角可以让你的“影响”更具说服力。

一个资助机构的絮语

乘法

我们会监督你研究的影响，不只是研究直接得出（或未能得出）的结果，还有对未来的长期影响。我们会向我们资金的提供者（即：政府）汇报，证明我们对公款的使用合理而有效（但愿如此）。所以，请重视“影响”部分的书写并努力创造“影响”，不仅是为了我们，也为了你今后能争取到更多的资金。当然，能否吸引到年轻有为的研究者未来做出具有划时代意义的研究也在我们的考量之内。

我们也会时刻关注你和其他人发表的高影响力文章，这些都是我们投资“有效产出”的重要部分，而我们对此也有自己的期待。因此，我们会绘制表格，将发明、专利、执照、立法、支出节省、经济获利以及由此衍生出的新立项等等都作为表格中的一项来评估研究的“影响”。

最终，我们会将一切评估标准量化为资本，并将“影响”这个概念简化为一种度量：乘法，即：政府每投入1元，将会得到多少回报？比如人类基因组计划就是一个难以辩驳的例子：1990年至2003年美国政府共计投入38亿美元，而截至2010年累积回报已达7,960亿美元，如果以2010年美元的价值估计，较之前的投入已经翻了141倍还不止！即使这个数字可能受到通货膨胀的影响，但其中的道理显而易见：科研投资推动经济发展，而你需要证明的是你的研究也可以有这样的价值。

试一试 尽情施展你的创造力

现在，不要受任何条条框框的局限，尽情畅想你的研究可能带来的影响。以下面的表格为模板，先至少写出4种在你研究领域内可能产生的影响（每种影响写在1张纸上），如果可能的话，继续在其他的研究领域、社会学、经济学甚至政治学等不同方面寻找可能的影响并记录下来。谁需要你的结果？为什么？你准备如何让人们了解你的结果？你的结果可以直接拿来应用吗？还有哪些可以改进的地方？在表3.7中记录下这些信息以及你将如何使用资金让这一些整合起来。接下来，你就可以将完整的表格改写成段落，加入到你的标书中啦。

3.4

摘 要

摘要（或总结）十分简短，通常在300字左右。资助机构每天要向委员会呈递30～60份标书，没错，他们通常只来得及翻阅题目和摘要，再匆匆浏览一下你的简历。那么，这对你的摘要书写来说意味着什么呢？

- 摘要部分的意义远比其他部分更重要。
- 摘要是你给评审者的第一印象。
- 摘要部分必须做到独一无二，追求卓越。

评审委员们只要不到2分钟的时间读完你的摘要，就会对研究思路和任务有初步印象，他们的反应无非以下3种：

- 哇！耳目一新！
- 嗯……有待考虑。
- 这有什么意义？！

接下来，评委们对你的项目进行初步评价：

- 研究的问题至关重要吗？还是仅为细枝末节？
- 研究的结果将是突破性的吗？还是仅为有限的进步？
- 研究的预实验结果怎样？还是一切仍停留在猜想阶段？
- 你对研究任务的规划足够详细具体吗？还是仅有模糊的构想？

当然，他们对你的评价也会不自觉地受到其他因素的影响，如：

- 排版是否赏心悦目？
- 内容是否生动有趣？
- 作为一个普通读者，我读得懂吗？
- 作为一个业内专家，我的阅读体验又如何？
- 标书的题目和摘要能否相互对应？

因此，摘要虽小，五脏俱全，短短的300字包含了图3.4中的整个“标书环”。

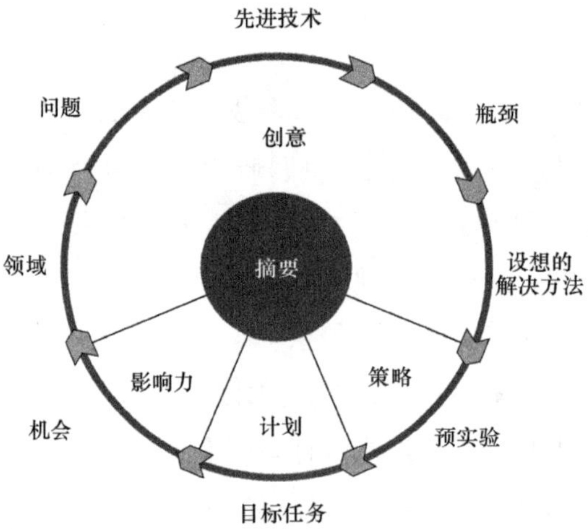

图 3.4

怎么样，很具有挑战性吧！你可以试着将标书环中的内容分成以下5段进行阐述：

1. 研究现状与宏观的问题
2. 研究进展与面临的瓶颈
3. 你提出的解决方案与预实验情况
4. 你研究的目标和任务
5. 为什么你的研究值得投资

表 3.10 是一份摘要示例，内容仍延续了前文中（详见表 3.1）提到的复杂生物学研究项目。当你阅读这份摘要的时候，认真体会你的所思所感，要知道当评委们阅读你写的摘要时也会如你此刻般挑剔。

表 3.10 前文（表 3.1）提到的复杂生物学标书的摘要示例（共 367 字）

复杂系统（多因素系统）是生物学和生物医学研究的前沿。进一步研究需要新的处理高复杂性数据的方法
现代基因组学技术为复杂系统研究带来了巨大的机遇与挑战：当技术成本廉价到可以一次性对成百上千例样本进行测序时，如何处理这些海量的异质性数据?
通过分析不同人群表达谱和分子指纹谱、挖掘基因定位的统计学方法，我们建立了一套新体系（见遗传学趋势文章）。它可以同时研究全部基因的多种等位组合，更节约高效地研究代谢、调节、发育等通路。目前正在建立相应的生物信息学方法。
本研究旨在建立深入、可靠的数据分析方法并改善现有研究策略，内容包括：①多因素研究策略设计；②用已知功能的基因原件的表达差异对上述模型进行验证和优化；③大量应用上述模型对“无假设”实验数据进行挖掘；④对计算机模拟数据或真实数据进行分析（特别是人和鼠的数据），完成实验内容串联。
本研究如果顺利，上述多因素研究方法将以不高于目前的成本实现同时研究多个相关的生物学问题。

以空行作为段落间的分隔不仅让人读起来舒服自然，更可以突显文章的结构，方便评委们寻找想要的信息。通过加入相关领域最新的参考文献，可以大大提升你研究计划的说服力，不少评委们非常看重这种前期实验证据。

我提供的下一份摘要（表 3.11）来源于同一份标书内容，但其风格迥异。这是为了让你时刻保持开放的心态：不必拘泥于自己的初稿，不满意的话，你既可以换个思路重写，也可以大刀阔斧地进行修改。

表 3.11 另一版本的摘要示例（共 392 字）

随着遗传学与基因组学——特别是高通量测定技术——的发展，系统生物学对人类疾病的研究备受瞩目。人们已对囊性纤维化、亨廷顿舞蹈症等单基因病有所了解，而在复杂表型中揭示基因间的对话机制则更具挑战。 生物医学工作者常采取单基因研究模式，这本身无可厚非，但对多基因参与并相互作用形成的复杂系统并不适用。 对少数个体的单基因研究模式亟需向大样本的多因素研究转变。我们近期建立的体系（见遗传学趋势文章）开辟了一种新的可能：对大样本进行表达谱分析，其中包含多种突变的不同组合形式。这在多种模式生物中已有应用，却是人类系统生物学研究对象的唯一来源。 本研究旨在通过 1 万个基因的功能数据揭示致病基因间的相互作用。本研究会建立一套包含实验设计、数学建模及算法的生物信息学模型并予验证，将研究数据与现有知识整合起来。 这不仅会改进新药设计，更会使药物和饮食治疗从千人一面向个体化转变，而随着对动植物育种及食物链中微生物的了解不断深入，人们可以生产出更健康、安全（例如：不致敏）的食物。

你能发现这两份摘要的不同之处吗？你更喜欢哪一份？原因是什么？这两份摘要还有哪些值得改进的地方呢？

如果说摘要决定了第一印象，那么摘要中的第一段决定了你有没有机会给评委们了留下第一印象。表 3.12 中列举了来自不同领域获得评委青睐的摘要们的第一段。感受一下那种掩卷不能的魔力吧！

表 3.12 申请成功的摘要的第一段

语言学：
《科学》杂志 125 周年特刊发表了一份“科学未解之谜调查”，列举了 125 个拟

续表

在未来 25 年内研究破解的科学问题。其中就包括这样 1 个问题：为何儿童比成人更擅长语言学习？几乎所有智力发育正常的儿童都轻松习得母语，而成年后学习外语却难以达到同样的水平？
社会学：
欧洲妇女目前的平均初产年龄为 28~29 岁，较以往明显延迟。而 25 岁之后，女性的怀孕概率将显著下降。因此，初产年龄延迟导致了前所未有的不育问题，2007 年 44 岁以下成年妇女的不育率高达 9%。
信息学：
现代人越来越倾向于同时进行“多任务处理”：开车同时操作多种设备，写作业与发短信、看电视同时进行，快速在多个工作任务间转换等等。因此，理解现代社会的多任务处理模式至关重要，一方面需要法律限制可能导致危险的一心多用，另一方面可以在保证安全的前提下利用多任务处理提高产出效率。
经济学：
人们通过社交媒体分享各自的消费体验，各种产品的“非官方广告”信息与日俱增。在这样的背景下，负面信息易被传播，导致消费者的流失，从而使企业陷入危机，最终将对就业率与社会福利产生不利影响。
哲学：
在过去的二十年间，理性选择理论提出了一种新的研究自由的方法。一方面，伦理学与政治哲学学者对此方法的裨益视而不见，另一方面，不少理性选择理论学者对哲学领域的相关进展一无所知。

你可以在资助机构的数据库中搜索更多成功的例子并自行体会学习，还可以利用网络工具对比你的摘要与同一领域内已经完成或正在进行的项目的摘要，计算两者的相似度（补充材料部分提供了相关链接）。而资助机构也会使用上述数据库和工具寻找潜在的审稿人！

一个门外汉的絮语

难以忽视的真相

人们不仅相聚在咖啡角闲聊天气、假期和工作，也会谈论写标书的事情。我有个同事恰巧在写标书，既然是同事（当然也为了满足好奇心），我决定和他一起回办公室看看他写的题目和摘要。令我大吃一惊的是，他从第一句开始就在介绍研究的内容。这是一项传统的野生动物观察研究，诸如监视、计数之类有些老套的内容，实在谈不上前沿。至少对我这样一个"门外汉"来说，着实看不出这项研究有什么"高度的重要性"或"创新"。

我尽量委婉地向他表达了初读之后的印象，他有些生气，但这也不是第一次了，毕竟谁都知道这个难以忽视的真相：如此传统、长期的生态学研究与如今技术驱动的主流研究项目显得有些格格不入。

"这既不公平，也不明智。"他愤愤地抗议道。

"那你的研究重要在哪里呢？我从摘要里可一点也没读出来。"我问道。

这时，他终于从自己的象牙塔里走了出来，让我惊喜不已地蹦出一句："你不是想知道我的研究重要在哪里吗？先去看看那部关于艾伯特·戈尔反气候危机运动的纪录片是如何引用了我的研究结果吧！"

对了，那部纪录片的名字就叫《难以忽视的真相》。

试一试 标书选秀

假设你们组成一个评委团，举行一场摘要选秀活动，推选出最受欢迎的摘要。认真阅读别人写的摘要，如果实在读不下去的话，就在你决定放弃的地方做个标记。用心体会阅读过程中你的感受，倾听不同读者对同一份摘要评价的差异（此之蜜糖，可能是彼之毒药），要知道你的标书也将遭遇同样的情况。试着对这些摘要的结构进行分析（包含了“标书环”中的所有环节吗？有没有漏掉的环节？），并对这些摘要的风格和基调进行分析（作者是否讲了一个自圆其说的故事？还有哪些可以改进之处？）。当然，并不存在所谓“完美”的标书，你要做的仅仅是努力达到自己期望的水平。

现在，读读你自己写的摘要。“标书环”中的每一个环节都被清晰地呈现出来了吗？大声地朗读你的摘要，它听起来怎么样？你可以像电梯里的推销员那样在短短一分钟内把你的摘要推销出去吗（如果你愿意的话，大可尝试一次）？口头推销往往比书面广告效果更好，更容易获得“哇！意义重大！思路真棒！真是了不起的项目！”，而非“毫无亮点，缺乏激情，太无聊了，这有什么意义？”。正如电梯内传销一样，摘要的长度与你准备它的时间成反比。像打磨一颗未经雕琢的钻石一样打磨你的摘要，直到它变得光彩夺目。最后，如果你还能有点睛之笔，不妨加到你的摘要中。

3.5

标 题

标题表达了研究项目的意图，也可能是获得评委青睐的第一步。资助机构有时会先向评委们提供一份仅包含标题和研究者信息的列表。评委们会从中挑选出某些标书，表示愿意成为其主要评审委员。尽量让自己的标书被合适的评委挑中。

有些资助机构对标题的字数（甚至对空格）有限制，而即使没有限制，标题也不宜过长。靠一个冗长的标题博取关注往往会适得其反："这个申请者怎么连最起码的标题都不会写！"。标题越精炼越好，至少别让它在资助机构提供的列表中显得太过突兀。要把你研究中最核心元素展现出来，让每一位评委都能读懂。

标题包含了研究的主题，而这一主题将在后面摘要、计划中更为具体地标打出来。你可以对照以下清单评价一个标题的水平：

- 清晰
- 简洁
- 意义深远
- 20 个字以内

表 3.13 随机选取了一些申请成功的项目的标题，并按字数升序排列。

体会一下阅读它们时毫不费力的感觉。

表 3.13 成功的单句标题

标题	字数
语法中的不对称	7
重获关注的辅酶 A	8
自律对领导行为的影响	10
天然未折叠蛋白，聚合与疾病	12
目标运动中的持续视觉控制	12
分枝杆菌脂质的生物化学研究	13
酵母核膜的成分、功能与动力学	14
谷氨酸能神经传导活动的结构基础	15
应用矩阵编程整合离散与非线性优化	16

以上列举的都是单句标题，你也可以选择双句标题。双句标题可以包含更多内容，你可以 1 句写给非专业领域评委，1 句写给专业评委。加上一个吸引人的副标题或一问一答都是不错的选择。在某些领域，如哲学等社会科学，出书比写发文章更常见。这些书名常由一个吸睛的短标题（如：教授们是怎样思考的？）加一个更具体的副标题（如：探寻学术评价的奥秘）组成。你的标书也可以采取这样的格式。表 3.14 列举了一些申请成功的标题，它们的第 1 句都很简短。现在，你可以对比一下单句标题和双句标题，两者在信息量、有力度、吸睛度方面的差异。

表 3.14 成功的双句标题

标题	前句字数	后句字数
时间观念：生物钟的分子机制	4	8
自由模型：形式研究与规范哲学	4	9
活化与失活：宫颈癌中关键基因特异性表观遗传改写	4	17
活得快，死得早？资源分配，氧化应激与鸟类寿命	6	13
概率究竟有多大？个例概率的说明	7	7
互动中的认知系统：高级别社会认知的逻辑与计算模型	8	15
代谢组学系统生物学：从数字到网络	9	6
性别特异性繁殖策略：鸟类性别分配与播散策略的适应结果	9	16
繁殖力由基因决定吗？揭示基因－环境相互作用，生育推迟与不育	9	17
通道蛋白如何感受力？以大通量机械敏感通道 MscL 为模型	9	14

双句标题和长的单句标题在电子表格中可能无法完全显示出来，日理万机的评委们未必有耐心滚动屏幕去看全你的标题，你的项目可能就这样被直接跳过了。因此，让评委们轻松获得你想让他们获得的信息至关重要！

这里是一份补充版评价标题水平的清单：

■ 避免陈词滥调

■ 避免夸大其词

■ 自卖自夸需谨慎

- 不要卖萌
- 不要太随意
- 标题中的每个词都需要在摘要中重现

最后一点是为了提醒你：标题和摘要最忌脱节。不少申请者的标题和摘要并非同时写就，有时可能会忘记在大刀阔斧修改摘要后还需要修改标题。

本节末尾的“试试看”环节会介绍标标题写中 2 种互补的方法：正向法和逆向法，两者可以结合起来应用。公司们常会不惜重金打造简短上口的广告语，足以说明其重要性。因此，请预留充足的时间构思标题，而这绝对是值得的：你的标题就是你的“部队”（标书）带上战场的“军旗”。

标题包含了项目的意向。下面 2 个标题虽然来自同样的研究，但其着重点却不尽相同。“大肠杆菌进入潜伏状态：受代谢驱动还是受表面影响？”这一标题着重机制，而“应用抗生素杀灭潜伏细胞的曙光”则突出了研究的长期影响。你觉得哪一个标题更好呢？为什么？

一个培训者的絮语

标题杂谈

标书培训的重要内容之一就是怎么写标题。培训开始前，学员们会将他们的标书初稿发给我。关于标题，我和他们是这样讨论的：

我：“你们平时多久会读到一次标书的标题？”

学员们：“不太常读。”

我：“那你们平时多久会读到一次文章的标题？”

学员们：“每天至少好几次。”

我：“来，我们看看这期《自然》杂志，随手翻到这篇文章，题目叫‘心衰中 SUMO1 对 SERCA2 α 的调节’。”

学员们:“嗯……听上去有点高深莫测……”

我:“《自然》杂志在‘新闻与观点’栏目中推送了这篇文章，但推送题目修改成了‘心血管生物学：心衰不一定意味着泵坏’。”

学员们:“这个题目听上去有吸引力多了！”

我:“那你的标书的标题……”

学员们:“我明白了，我们写的更像是文章的标题而不是标书的标题。”

接下来，我们又对比了几个文章和对应推送的标题，学员们纷纷开窍，决定换掉原来酷似文章的标题。

试一试 一个标题？先写十个！

写标题有两种策略：正向法和逆向法。

如果你还没有想好标题（或者你对现有的标题并不满意），可以先用顺向法。写 3~4 个最能体现项目核心内容的关键词（别用陈词滥调），然后用这些关键词拟出至少 10 个标题。问什么让你先写 10 个呢？因为前 3 个标题并不难写，但此后难度激增，你需要绞尽脑汁、跳出常规才能想得出来。

有了 10 个备选的标题，就可以应用逆向法了。根据以下问题选出最合适的标题吧：

■ 这个标题传达出了项目的侧重点吗？

■ 还能再缩短一点吗？

■ 还能再清晰一点吗？

■ 还能再精确一点吗？

因此，顺向法和逆向法完全可以结合起来使用。

3.6

预 算

申请尽量多的资金并为你的申请提供充足的理由。如果申请金额太小，可能会让人怀疑你研究的重要性。不要怀疑，你有一个伟大的创意，以及由此发展出的许多小点子。你现在是领导者（未来更是），需要这笔资金与这份认可来开拓自己的事业。职业基金将资助你新研究的最核心内容，而一旦启动，此后的成果将带来源源不断的资助。

事业基金旨在资助你最重要的研究项目，为未来数十年打下基础，而不是那些随手做做的研究。因此，花大力气和时间将标书写好绝不会让你后悔。起步阶段将绝大部分时间用于研究是非常重要的。有些资助机构甚至会因为你投入全部时间用于科研而给予你工资同等水平的奖励。例如：如果教学、行政、管理占你工作时间的比例低于25%，资助机构可能会发给你全额薪资。

如何书写标书的财务部分以及财务相关报表呢？当然，你可以自己研究列举所有可能的花销（表3.15），但我不建议你这么做。你单位的财务专家很可能见过同一家资助机构的其他申请书，他们对财务数字比你精通得多，犯错的概率自然比你小得多。表3.16展示了一位申请者在预算部分犯的错误，险些造成灾难性后果。

表 3.15 项目可能的花销类别。资助机构可能会对直接与间接花销有所要求（例如：间接花销总额不能超过直接花销的 20%）

直接花销	间接花销
你的薪资	秘书费
博士后 / 研究生补贴	管理费
出版费	实验室
差旅费	办公场地
会议费	办公用品
耗材费	办公电脑、网络
仪器费	卫生费
外包项目	软件费

表 3.16 预算部分的一个低级错误导致项目申请被拒

每年的人员费及运营费（千元）				
	第一年	第二年	第三年	第四年
申请者	111300	118005	125129	132679
博士后	54113	57856	61663	65554
2 位研究生	77245	92468	99524	107185
总计	242658	268329	286316	305418

尽可能详细地向财务专家提供你的研究在各个方面的花销（如：试验

费用，论文发表费，差旅费等等），这些信息务必详实可靠（见本节末尾的絮语部分）。详实可靠意味着你的花销与研究内容匹配，且具有最佳的性价比。不要浪费纳税人的钱，把它们花在刀刃上，要知道，在研究完成之后，你还需要对每一笔花销做出解释。如果这是你第一次申请，该如何对这笔可能的花销做出预估呢？如果这对初次申请的你来说有点困难，请向更有经验的同事或系里的负责人请教，对所有与你研究相关的费用进行讨论。然后，从网上和/或供货商处取得具体的价格。如果你想知道这一点为何如此重要，读一读本节末尾的絮语部分。

获得事业基金将会使你在后续的协商中处于有利的地位。自带基金属性会让你在单位中更受重视，而部分资助机构甚至会给予你个人补助，这会给你更多的自由空间，可以与所在单位以及其他单位谈判协商，为自己争取更好的待遇：如果某个单位愿意提供更好的薪资或职位，你可以带着基金前去投奔。但有一种比较特殊的情况：如果此前你就是终身教职，单位全部（或部分）提供你的薪资，现在他们可能正打算省下你的薪资以作他用。你可以展示出自己的领导能力，并与单位协商：用他们想在你身上省下的钱，为你的研究增加一名员工。

一个申请人的絮语

低估

以前我认为，资助机构的管理人员主要负责管理评审过程，类似于机要秘书之类的角色。然而负责我事业资金申请的管理人员曾长期活跃在学术领域，不仅在《自然》上发表过文章，现在仍对我所在研究领域的进展了如指掌。

唉，当初的成见真是大错特错！作为一名顶尖的科学家，他对我研究的专业内容有充分的发言权，而现在管理人员的身份又让他练就一双火眼金睛来审核我的预算。我申请了一大笔花销用于购买一种高档（因此也很昂贵）的仪器，这位管理人员质疑了购买该仪器的必要性，并利用他的个人关系咨询了这笔花销的必要性。他不仅知道我预备购买的仪器的真实报价，也同时咨询了替代品的价格。我的大部分时间都花在书写标书的学术部分，只给预算部分留了最后一点时间。现在回想起来难免后怕：资助机构的管理人员和评委们不仅仅关注研究的学术部分，更会仔细考察核对你预算的内容和金额。幸亏当时我虽然匆忙但还是认真完成了预算书写，我的标书才得以通过。

试一试 计算花销

帮你现在或未来的老板计算一笔花销。如果你获得了一巨额的资助，对你的老板有哪些获益和损失？我敢打赌，他肯定绞尽脑汁也想不出什么损失来。去和那些曾获得过资助的人聊一聊，他们曾向老板提出过哪些要求？哪些要求得到了满足？研究一下你老板的财务状况，把你感兴趣的要求内容列个清单，例如更多的机会（培训、导师、额外机会），更多的权限（自由，权威，影响，决策权），更多的经济支持（薪资、研究经费、升迁）。在提交标书之前，你可以以坦诚但谦虚的态度和老板谈一谈如果项目中标，你会期待怎样的奖励。

3.7

简 历

在这个部分，你可以把自己最骄傲、最乐于分享的内容（只要与项目相关），向评委们展示出来。每个申请人必填的部分包括毕业时间、工作经历、参加了哪些学术组织以及发表的文章等，而资深申请人还会加入其他内容，如：已申请成功的基金、大会发言、个人奖励、辅导的学生数、校内或出版社及学会内担任的行政及教学职务等。下面我们会对这些资深部分进行更详细的讨论。

当然，如果你不具备以上提到的所有“卖点”，最好的办法是以此为目标，努力争取机会。（详见第一章的“策略”部分）。

每年的基金申请都是一场血战，你需要花一点时间回忆与申请项目相关的所有成绩，并在简历中加入以下卖点，才有可能在众多竞争者中脱颖而出：

- 我的文章曾被杂志的社论强调过
- 我的文章阅读量高
- 我的文章被 Faculty 1000 收录了
- 我的研究曾在电视、广播或报纸上被提及
- 我曾获得优秀墙报奖及旅费补助
- 其他影响（详见影响部分的表 3.5）

再强调一遍：你需要在申请中加入所有相关的事实（我说的是事实，

事实，事实！)，但如果重点不够突出的话，它依然难以达到预期的效果。好的简历足以让评委在短短一瞥中记住你，并在后期的标书讨论中轻松地回忆起你。因此，如果你想赢得基金，如果你真的在乎，那就好好读读下面两篇简历，它们会让你明白“一目了然”的重要性。

表 3.17 和 3.18 是两份简历的国际经历部分，试着花 5 秒钟快速浏览它们，你能了解到什么？

表 3.17 一份简历的国际经历部分

国际经历	
2012 至今	与英国剑桥大学生物物理学系 R.J. 教授合作（β - 超原子核分子在体外及果蝇中的生物物理学分析，2014：PhD 学生 F.J. 的研究访问）
2008—2011	与美国哈佛大学基础生物学系 R.B. 教授合作，其中 2008 年曾访问 2 周完成基因芯片分析（从多家机构获得旅行津贴），2009-2011 停留 14 个月（NIH 研究员）
2006—2008	加入英国牛津大学生物技术中心 E.C.W. 教授团队（β - 超原子核分子的基因修饰）；实习 6 个月，博士后 14 个月（国际人类前沿科学计划奖金，居里夫人奖金）

哪些才是最重要的信息？为什么表 3.17 中的年份要用粗体标出来，它们真有那么重要吗？

表 3.18 另一份简历的国际经历部分

国际经历	
2012 至今	**英国剑桥大学** 与 R.J. 教授合作中 目标：β - 超原子核分子的生物物理学分析

续表

国际经历	
2008—2011	**美国哈佛大学** 曾在 R.B. 教授实验室工作 14 个月 目标：进行基因芯片分析
2006—2008	**英国牛津大学** 曾在 E.C.W. 教授实验室工作 20 个月 目标：发现 β - 超原子核分子的基因修饰

在表 3.18 中用粗体标出的才是最重要的信息。这些信息按参与的基金和学术奖金分类，细枝末节都被删去。因此，精简的内容和合理的粗体应用使你只需几秒钟就可以记住申请者最大的优势：剑桥！哈佛！牛津！而这些正是评委们苦苦寻找的信息：哇，你有成功的国际化研究经历！你曾在多家机构和不同文化中工作过，而这些经历很有可能会帮助你博采众长，在其他地方开始自己的新工作和新团队。

现在花 10 秒钟的时间浏览表 3.19 与表 3.20 两份研究总结，比较一下你从中获得信息的差异。

表 3.19 一份研究总结

近 5 年来的研究总结
从博士阶段开始，我致力于研究数量性状基因座的定位方法。在 P.S. 教授实验室（格罗宁根大学）从事博士后研究工作期间，我建立了一种复杂多基因性状的分解方法，并将其应用于模式植物及农作物中。这项工作获得了青年研究者基金（欧盟）的支持。

续表

近 5 年来的研究总结
2009 年我获得了剑桥大学的终身教职，并组建了自己的团队继续此前研究。我提出了一种新的概念，包括对离散样本中每个个体进行表达谱与分子指纹谱分析，并用复杂多基因性状分解的统计学方法对此进行分析。两个不同领域的结合可能会帮助我们进一步探索代谢、调节及发育通路……

表 3.20　另一份研究总结

近 5 年来的研究总结
我主要的研究方向包括： ■ **基因定位**（参考文献 1-7）：我建立了新的模型、研究方法和软件，在离散样本（植物、哺乳动物）和自然样本（人类）中研究复杂多基因性状的基因变异定位。我的成果具有开创性意义，相关文章被频繁引用。 ■ **系统遗传学**（参考文献 8）：我近期提出了一套新的体系：将此前的基因定位方法应用于成千上万的分子水平性状，进一步探索代谢、调节及发育通路。这一想法在《Nature Reviews Genetics》的社论中被特别提及。

第 1 份总结中有哪些重要的话题？为什么会有这么多不重要的信息？（注意：此处不宜添加已获得的基金以及雇主信息）

第 2 份总结采用了更为“网络化”的风格。重要信息突出，你可以忽略细节只浏览大标题，而如果你想更深入地了解某一部分，也可以找到相应的信息，就像“点击超链接”一样。这样既节约了阅读时间，又能让评委们及时找到补充信息（至少是重要的补充信息），提高了阅读满意度。评委们会根据研究总结部分的信息评估申请者的专业技能（你是否具备完成这项研究的专业能力？）以及对科学的贡献（你曾经发表过与此相关的原创性的研究吗？）

发表文章列表自然是简历中必不可少的部分，但如果你在这方面颇具亮点，也可以在列表之前加入一段简短的总结以示突出（表 3.21，虽然这不是标书强制性要求的部分）。

表 3.21 发表文章的简短总结

我的研究领域是**基因与遗传学**。 ■ 该领域杂志的平均影响因子为 4.4 ■ 我发表文章的平均影响因子为 8.9 我的文章： ■ 共**被引用** 650 次（根据 Web of Science，截至 2012 年 1 月） ■ 平均每篇文章**被引用 44 次** 我的文章曾在高影响因子杂志上发表，如：《Nature Genetics》和《AJHG》（×3），其中引用次数最多的文章发表在 2009 年的《AJHG》上（截至 2012 年 1 月，共**被引用 161 次**）。

在发表文章列表中，把最近发表的文章列在最前面，因为它们最为重要。除非标书指南明确要求，否则不要按发表时间顺序排列。按照要求标出影响因子与被引用次数，即使没有特殊要求，如果你在这方面颇具亮点，也可以特别标注出来。如果文章发表在影响因子比较低的杂志上怎么办？嗯，一个杂志如果影响因子为 1 的话，说明其文章在发表的前两年里平均至少被引用 1 次。也许你的文章在此期间被引用了 9 次，那么你需要特别强调你文章的引用次数是其他作者的 9 倍！相反，发表在高影响因子杂志（如《自然》《科学》）上的部分文章发表之初就鲜被引用（远远达不到影响因子 30 的水平），此后更是被束之高阁，而你 10 年前在某低影响因子杂志上发表的文章可能至今仍在被引用，这么令人印象深刻的事实一定要特别强调出来哟。

女性科学家的发表文章列表可能会有些小问题，例如：孕产假可能会导致近 18 个月内鲜有研究成果。评委们当然会将这些因素考虑在内，只需要你稍微提醒他们一下。你可以考虑在发表文章列表的相应位置加入孩子的名字和出生日期，虽然听上去有些不同寻常，但这样可以提供给评委们充足的信息，例如：“XX，我的第一个孩子，2010 年 8 月 20 日出生”。

除了研究之外，科学家们往往还会身兼数职，评阅文章、在编辑部供职、组织研讨会、参与教育处或工会工作等。所谓“近水楼台先得月”，参与学生社团工作、组织讲座和文献报告会、参加学生会等都是研究生和博士后们接触评委们的好机会。所以，尽可能表现出你是整个科学界的一员，一位“好公民”，将这些经历加入到简历中。如果你还辅导过本科生、研究生或博士后，你也可以加入相关的数字和“事实”作为你领导能力的证据。记住，他们的成功也是你的成功（见表 3.22 中的示例）。

表 3.22 展示学生或团队的成就

年份	我的学生或团队所获奖励	获奖学生
2012	青年研究者奖金（NBIC）	付云
2010	中国国家奖学金	付云
2008	中国国家奖学金	李继
2008	化学学会优秀 PhD 论文二等奖	W.Ardener

不过，如果你在简历中提到曾辅导过学生，发表列表中应当出现相应的你作为最后作者或通讯作者的文章，否则，评委们会质疑你是否真的辅导过他们，进而质疑你简历的真实性。

同样，如果你是一位资深的研究者，可以向读者们介绍你（前）团队成员的职业进展。毕竟在科学研究方面，他们就像你的“孩子”一样，你曾经辅导培养他们多年，而他们的成功也是你悉心培育的成果。例如，你可以在简历中加上这样的内容：X 博士目前已成为斯坦佛大学的助理教授，Y 博士则已获得爱丁堡大学的全职教授职位。

一个评审委员的絮语

后进先出

我坐在酒店房间的桌前，又有堆积成山的评阅报告和标书要读，而标书讨论会就在明天。在大量的文件中，一份获得了相当好评的标书引起了我的注意。但稍加浏览，我发现评阅者似乎漏掉了什么。申请者在知名杂志上发表了近 20 篇文章，但所有文章的发表时间都在 5 年之前，也就是说，由于某种原因，申请者近 5 年来没有发表过任何文章。这实在是太奇怪了……更诡异的是，作者既没有在简历中对从作出解释，评阅报告中也没有提及。要知道，这么长的一段成果空白期应该足以降低评委们（以及我）对作者的评价啊，因此你可以想象我当时的困惑与不解。此外，申请者的发表文章列表按照由前向后的时间顺序排列，虽然不是我更喜欢的逆序，但也算可以忍受。

接下来，我决定读读他标书的简介部分。令我吃惊的是，申请者在此处引用了几篇自己近期发表的文章！所以他近期确实有发表过文章，我不禁长舒了一口气。难道是申请者忘了在发表列表中加入这些文章？这未免也太大意了，不过鉴于他在简介部分的自引用，评阅者们没有特别提出也是可以理解的了。

可想而知，在第二天的委员会讨论中，这篇标书不完整的简历部分再次被提及。又令我吃了一惊的是，犯错的并不是申请人，而是资助机构。复印申请书的工作人员漏印了最后一页，因此评委们拿到的标书都是不完整的打印版，而评阅人读到的是完整的电子版。这下一切都明白了！于是，我们又发现了顺序排列的发表文章列表另一个弊端：最重要、最近期的文章恰恰是最易被漏掉的部分。

试一试 **计时测验**

写一份你可以 1 分钟之内浏览完毕的简历，然后做一个实验：让其他人阅读你写的简历，计时 1 分钟。1 分钟之后，询问他们读到哪里，还记得哪些内容。根据人们的反馈不断修改你的简历直到满意为止。

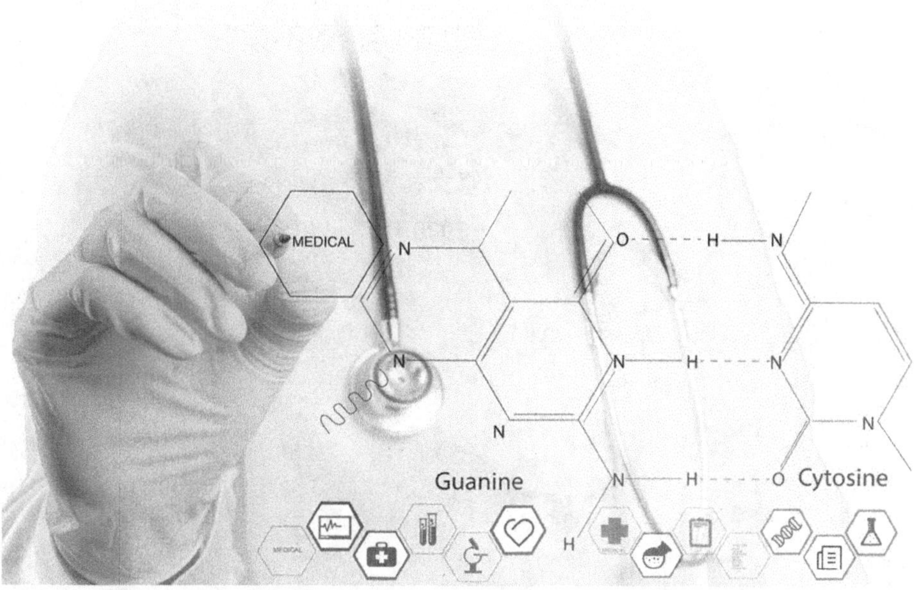
MEDICAL
N
O
H
N
N
H
N
N
N
N
Guanine
N
H
O
Cytosine
H

4

"胜不骄，败不馁"

修女特蕾莎

（1979 年诺贝尔和平奖获得者）

评 估

4.1

引 言

基金机构通过召集专家团队和外部评审来帮助他们将所有的申请标书进行评价。本章节将会介绍基金机构如何指导评审专家进行标书评议。这些内容将会揭开标书评审环节的神秘面纱，告诉我们这其中的难点、重点和关键所在，希望读者能从中获益。

■ **评审员**：这些外部评审员是否从基金机构获得了明确的指示？当评审员在阅读一份标书时，都会关注哪些要点？例如，缺少必要的细节描述的标书给评审留下的印象会大打折扣，甚至被直接否决。

■ **申辩**：外部评审也许会对你的领导力、实验设计的巧思，或者是具体的工作实施细节有些异议。当你需要书写申辩来解释这些问题的时候，该如何应对？

■ **专家评审团**：专家评审团的主席和成员会在讨论过程中彼此影响。你应该要意识到这种人为因素会可能会影响你的得分。你该如何赢得专家评审团的青睐？

■ **面试**：基金机构可能会要求你面对面的做一次展示，并且要和专家评审团进行互动讨论，从而获取更多关于你的标书的信息，考察你是否具有必要的领导力。你该如何为此做准备？哪些因素会为你的展示环节加分？

4.2

评审员

外部评审员充当的角色相当于同行评议人。评审专家团成员可能是标书涉及领域的专家，但是外部评审则是需要能在标书所涉及范围的各个维度评价其优劣的资深专业人士。你作为一个基金申请人，应该从评审员的角度出发来撰写标书。例如，重点突出自己认为最具特色的卖点。这样评审员在写报告时只需直接从你的标书中摘取元素即可。

基金委员希望挑选出有证可循，有一定基础的申请标书，支持申请推进已有的研究。所以事业基金可以被理解为是对申请者过去成绩的奖励（标准 C1, 申请人自身资质），虽然其他衡量标准（标准 C2: 研究创新性；标准 C3：计划可行性）也都占有一定权重。在 C2 和 C3 项目上获得高分的研究者也可能因为缺乏已发表的高质量、高引用次数文章而失去获得基金的机会。也许你没有相关文章发表是有客观原因的，例如在商业或者工业领域工作了一段时间。如果是这样，你需要在申请的时候对相关情况进行说明。基金委员会可能会给这些曾经离开科研一段时间但想重新从事科研工作的人颁发特别基金。

评审员是如何客观、公正、准确的审理申请人的标书呢？评审员需要萃取出每个标书的优缺点，并且给出有证可循的评论。例如，相比“这是一位顶尖专家，因为他……而且他还……”，“这是一位顶尖专家”就显得欠缺一定说服力。下面我们就将一一讨论评审员考虑的三个标准。

标准 1：个人简历/资质

你的简历是否能证明你在众多申请者中是出类拔萃的？我们的标准 1 可以用一句简单的话来诠释“在同领域、同年资的申请人中，你能否排在前 10%，或至少前 20%”。你的评审员至少要通过阅读相当数量的标书，才能确定某一份标书的确切排位。不仅如此，评审员还必须能够判断你简历中的所列成就是不是真的全都是个人贡献。除非申请人的所有前期工作都是独立完成，否则就牵涉到成果该如何按真实贡献来判断。评审员对这些问题都应该心中有数，并且有一定的方法来解决。当评审员在你的简历中寻找想要的关键事实时，一定记住要提供相关信息，并且放在显眼的位置标注出来。

外部评审员作为业界资深的专家人士，对同一领域内的研究者和研究内容有一定的认识。所以对于判断申请人的标书质量更有把握。在评审员提供的书面报告中，对于自己给出的排位要有详实的依据佐证。这样专家评审团和基金委员会才能放心的接受评审员给出的标书排位。没有足够证据支持的标书评分会被认为是无效的。

表 4.1 虚拟申请人的个人文献发表统计数据

发表在同各个领域顶尖杂志的文章数					
1%	1%~2%	2%~5%	5%~10%	10%~20%	汇总
2	3	6	0	7	15

在科学研究领域，发表文章是硬道理，尤其是要有高引用次数的文章。发表文章的数量和质量是展现申请者实力的重要指标，具体包括：撰写书籍

和发表文章的数量，作者排名，期刊影响因子，书籍发行情况等等。近期引进的可以特异标记每个研究者的代码（例如 ResearcherID，ORCID）以及像谷歌学术搜索一样的搜索引擎使得你可以轻易获取相关信息。表 4.1 和表 4.2 列举了部分有用的衡量指标。

表 4.1 中我们可以看出申请者超过一半的文章都发表在顶尖杂志上（排名前 10%，甚至 5%）。但是我们不能从图标获得的信息是：排名在前 10% 的申请者在顶级期刊发表文章的情况是否类似。我们可能会很主观地认为在顶级期刊上发表文章的科学家都应该是优秀的基金申请人。但是，我们还需要一些客观的数据来佐证我们主观的判断。

表 4.2 申请者的文章引用相关数据示例

总引用数量	600
平均文献引用次数	40
平均文献文献引用次数 / 所有杂志平均引用次数	3
平均文献文献引用次数 / 行业内平均引用次数	5
文章无引用比例	6%
自引用比例	10%

引自科技信息研究所（Institute of scientific Information,IsI; 现汤姆逊－路透）

从图 4.2 我们可以看出发表的文章数量（行业标化过后的）非常好。平均每篇文章引用次数比行业均值高 5 倍。特定杂志中也比引用均值高 3 倍。这其中有一小部分“自引用”的成分在：60 次引用来源于申请者作为作者的文章。从这些数据中尚不能分析出排在前 10% 的研究者表现如何。

H 指数 (Hirsch index) 尝试将发表文章的所属的期刊质量和引用次数两个指标相结合。H 指数等于 1- 意味着有 10 篇文章至少被引用过 10 次数

（除外自引）。这个指标并没经过“行业引用评分”的标化。例如，医学领域的文章引用次数一般都远远高于数学领域的文章。为了避免主观偏倚，我们需要注意这个现象。

所有的评价指标都是各有利弊的。例如，你可能是人类基因组研究相关文章的第 30 位作者。但这篇文章拥有巨大的影响力和引用数量。但表格 4.2 中的评价方法对所有引用都给予相同的权重，等同于默认你是唯一作者。相反，在表格 4.1 的评分方法，以及 H 指数中，评分不会受单个具有重大影响力的文章影响。

如果你是一个年轻的职业生涯初期申请人，例如博士后，你的相关数据则直接受你的导师影响。这些评分不能区分出你对研究具有突出贡献还是仅仅是导师的优秀助手。所以，你明确提出自己对研究的原创贡献就尤为重要（部分杂志已经开始说明每个作者的各自贡献）。部分基金委员会会要求申请人必须有独立于自己研究团队的文章发表，以克服这个混杂因素。一个事业基金的面试环节会成为对你各方面能力的最终鉴定环节，包括独立研究，批判思维，创新性等等，可参阅后面“面试”章节。当然，有一个超级能干以及有影响力的老板并不见得是一件坏事，你在这样优秀的实验室里工作的经历会为自己加分（因为你毕竟是经过精挑细选才进入顶尖实验室工作的）。

申请书中提到的引用数量可以包括自引用和机器生成的文档引用。例如，谷歌学术统计引用时，不仅包含学术杂志的引用数量，还包括网络点击率。所以申请者需要指明自己的引用数量是用什么方法得到的。评审员同时也需要注意申请人是否列出相关信息。如果将 Web of Science 的引用数量和谷歌学术等同，就太有失公平了。

发表文章的数量和引用次数是评价申请者实力的首要标准。其他相对次要指标，例如领导力也会被纳入总分之中。在资深研究者申请基金时，就需要列举自己是否成功的培训、培养了新一代的研究者。另外，考虑到科学界有很多志愿的职责和工作，例如充当基金评审团成员，如果你有类似经历，则会得到加分。评审员会就申请人的次要指标进行评判，并且在自己的评审意见中提供相关的证据。

标准 2（C2）：创意

如果你已经在标书中充分证明了自己是个优秀的科研人员，那么标准1对你来说就不是难题。那么在研究创新性方面呢？你是属于“哇！好聪明的想法！”还是另一个极端的“这有什么可研究的？”。鉴于评审员不能在评审意见里直白的表达自己的内心情感。表格4.3提供了一些列可供评审员在标准2（C2）上给申请人打分的条目。评审意见中需要提供评分和补充事实。作为基金申请人，你可以利用表4.3中的条目来检查自己的标书，在时间条件允许的情况下，让自己的标书标的更具有吸引力。

标准 3（C3）：工作计划

你已经证明了自己的研究课题是很有价值的，标准1和标准2（C2）已经过关。现在要检查自己的“工作计划”是否符合标准。评审员在阅读你的标书时，会仔细查找SMARTI（specific 明确，measurable 可评估，acceptable 易接受，realistic 可行，time-dependent 时间依赖，inspiring 有启发）相关的描述。表4.4列举了最坏的情况。利用这个表格来检查自己的标书，以便通过评审员的仔细审查。

表 4.3 你的研究足够热点吗？记录下符合描述的补充事实并且予以评分。0~5分（0=不同意，5=绝对同意）。将得分汇总。你的分数是否达到30（起步究者）、40（中级研究者）或者50（高级研究者）？

情感描述	评分
1. 此标书的研究题目在其所在领域具有<u>突破性意义</u>。补充事实：	

续表

情感描述	评分
2. 此标书在创新方面位列所有申请人中的前 10%。补充事实：	
3. 此项目提出了未来的一个研究思路，超越现有标书中的单个研究范畴。补充事实：	
4. 此标书是一个有创新性的原始研究。补充事实：	
5. 申请人在有影响力的会议或者杂志中提出过自己的设想。补充事实：	
6. 杂志编辑和学术同行都高度赞赏申请人近期的研究成果。补充事实：	
7. 此研究课题的结果将会对其他科学领域也产生深远影响。补充事实：	
8. 此研究课题的结果将对除科学以外的其他方面产生影响。补充事实：	
9. 请列举一个支持此研究为热点研究的事实：	
10. 请再列举一个支持此研究为热点研究的事实：	

表 4.4 评审员会仔细评判你所提供的信息

工作计划	可能的负面评估
背景信息	陈旧
文献引用	偏倚
科学假设	无法检验
方法	错误/未证明可行
技术	存在争议
实验设计	不够详实
预实验数据	来源不明
结果解读	描述不清
任务分配	组织构架差

续表

工作计划	可能的负面评估
预计目标	过分自信
时间规划	过于乐观
附加条件	过于危险
B 计划	没有
申请人的专业素养	可疑
人员	能力不足
花费	预算中有误
协作者	太多

一位评审员的趣事

夏洛克·福尔摩斯

我在仔细阅读一位申请人的标书。令人印象深刻的文章发表，引用和 H 指数，而且还如此年轻。看似十分出色。但是当我更仔细地查看了文章发表明细后发现了一个规律，引起了我类似夏洛克·福尔摩斯敏锐的洞察力和好奇心。有没有可能这位申请人所有的文章都是和同一个共同作者发表的？答案很难一眼看出，于是我更深入地开始了调查。

我给一位本底科研部门“Web of Science”的专家打电话咨询了一些技巧和工具。得到的结果让我大吃一惊，去除掉那位“共同作者”的贡献后，这位申请人的文章只剩下 2%。但是，那位共同作者在去掉申请人的贡献后，仍然有很多文章、引用和漂亮的 H 指数。而且，这位混杂的“共同作者”几年前被授予过这个基金项目。所以我们差点就又给了他第二个基金，唯一不同的只是这次在他的“共同作者”名下而已。

公平来讲，我应该认真阅读这位申请人对于自己过去科研经历的陈述，也许能够说明他个人对这些文章的贡献。我读到他最引以为豪的成就是将一项技术引入自己的领域。虽然可能背后有很多可能，但将一个只要有足够钱就可以买到的技术使用到自己的领域并不是一个突破，至少我认为不够令人信服。我又继续寻找能帮我鉴定申请人资质的证据。我看到他列出了的自己监管的学生的名单。这些人最后的出路都如何，有哪些在科学领域立足了？我并没有找到答案。于是当了一回福尔摩斯的我决定得出结论，将我“不推荐”的结论给予了基金委员会。结案。

试一试

建议你在三个主要标准方面优化标书，从而跻身顶尖候选人行列。本练习需要你收集能够支持标准 1“优秀科学家”的相关信息。搜索谷歌学术、Scopus、Web of Science 或者其他资源查阅自己的文章引用情况。找到所有跟你文章发表相关的信息，创建一个属于你自己的表格 4.1 和表格 4.2。在实际的标书中你要列举哪些事实来让自己的脱颖而出？

试一试

第二个练习需要你改进自己的标准 2（C2）“最佳创新”评分。给你的研究题目按照表格 4.3 列出的内容打分，想想你能不能增添一些内容在 9~10 行中，来为自己的研究添砖加瓦。然后整体评估一下自己的研究热点的“热度”。这份标书是否已经准备好提交？你应该粗体标注出哪些内容让评审员绝对不会错过？在截止日期前，你还有哪些有效的措施能使自己的研究看起来更有吸引力？又或者你认为自己还需要更多的时间，更适合等到下一轮申请。

试一试

最后这个练习让你改进所有关于标准3（C3）“最佳工作计划”方面的评分。完成表4.5中的表单。你的工作计划是不是具有SMARTI。如果你不确定，那就再修改一遍标书吧。也可以问问你的老板，同事和朋友来带有批判眼光的阅读你的标书（所谓旁观者清）。你可以允诺一些回报，例如在他们的文章写作或者基金标书书写时予以帮助。提供一顿免费午餐来感谢别人付出的时间也是不错的选择。

表4.5 评估你的工作计划

工作计划组成	是否合格？如果否，提出具体的问题！
背景信息	
文献引用	
科学假设	
方法	
技术	
实验设计	
预实验数据	
结果解读	
任务分配	
预计目标	
时间规划	

续表

工作计划组成	是否合格？如果否，提出具体的问题！
附加条件 B 计划 申请人的专业素养 人员 花费 协作者	

4.3

申　辩

基金评审中的重要环节包括将你的标书送到外部顾问手中进行专家评议。你应该会得到这些评议结果，但是你能如何就这些评议内容进行回答就依照基金委员会的流程而定了。你可能会被要求写一个简短的申辩，作为专家评审团作最终决定的参考材料之一。或者评审团会邀请你做一个的面对面的申辩，就专家评议中提出的问题进行回答。

但是也很有可能你没有机会听到、见到专家的意见。强势的专家评审团参考外聘顾问的意见后，就直接作出决定。即便最终的决定是拒绝你的标书，他们也不会给你机会申辩。取而代之的可能是重新修改标书在下一轮提交的邀请。如果你选择修改标书并重新提交，一定要单独列出一个段落来解释专家评审对原标书提出的疑问。

你如何应对这些修改意见是评审环节的重要一环，是你展示自己作为一个科研团队领导者实力的时机。专家评审会将这些分数算在内。在这里我们有一些小诀窍帮助你修改你的标书：咨询你的老板、同时、亲人、朋友，让他们帮助你反复阅读并且修改标书。仔细听取他们的意见并相应的对标书进行修改。

总体原则

最好的理想情形，是专家委员会认为你是顶尖专家，拥有一个有趣的研究题目，同时有细致实用的研究计划。如果是这样就恭喜你，虽然你仍然会受到几条修改意见，但是总体上，你为撰写标书日夜付出的辛勤劳动总算得到了汇报。专家评审团慧眼识英地发现了你标书的潜力。

■ 这时候适时地讨好一下评委们并不是不合时宜的（我很高兴评委们能够欣赏我的标书，并且认为我的计划是可行的）。

评审委员会的评议可能包含了一些建设性的改建意见，虽然可能降低你的最终得分，但是你也要积极的感谢评委们花了时间和精力来阅读你的标书。

■ 这时仍然可以小小的讨好一下评审（我衷心感谢评审团提出的意见和建议，以及为评价我的标书所付出的宝贵时间）。

你收到的评论可能正中靶心，也可能差之千里。有可能有很明确的科学文献、数据支持（这样为科学讨论提供了可能），也可能是毫无依据的（没办法，你只能参考后面部分）。

■ 注意礼貌，勇于承担责任（因为我没能很好地阐释清楚，让专家委员会误以为……）。

■ 多列举科学的证据和事实（数据、引用）来证明评审的理解有失偏颇。从而让专家委员会能够正确认识评审的评论。注意措辞，让自己论点看起来是积极的而不是消极的。

■ 承认自己的不足，并且说明自己如何克服以及改进。

如何写书面回复

想象一下，每个专家评审面前都有一摞标书、一摞专家评审意见、一摞申辩材料。有时甚至还有原标书和修改标书。专家评审团要在有限的时间内迅速阅读完所有材料并且做出决定，所以你该怎么做显而易见：

- 申辩书写的时候要浅显易懂，直接明了，重要的信息重点突出，和标书保持一致的水平。
- 在申辩的开头先简要总结一下外部评审提出的意见（这样评审团就不用重新阅读，节省时间，缓解心情）。
- 如果长篇大论的书写，会让人觉得你原本的标书缺少了必要的信息。所以申辩一定要简短（通常申辩也会有字数限制）。你书写的申辩草稿要在之后修改的时候尝试砍掉一半的字数。
- 一定要至少请同事或者专业英文编辑修改过你的申辩书之后，再正式提交。

额外注意事项

因为距离你的原始标书书写已经过去一段时间，很可能有新的证据来支持你的标书论点。一定要把这些信息囊括在你的申辩当中，例如：

- 你最新被接受的文章，或者在会议上发言的邀请
- 最新研究的阳性结果
- 研究计划的增添或者删改，例如新技术的应用

外部评审会依据三个质量标准来审阅你的标书。我相信你也会用相应的标准来审视这些外部评审们。在下一章节，我会说明你该如何评价这些评审，并且如何将这些信息运用到你的申辩中。

一则专家评审团的趣事

保持微笑

有些申辩真是让我哭笑不得。你一味地攻击指责评审专家给你的评论是毫无依据的真的是徒劳。请尽量避免使用具有强烈感情色彩的

词语。幸运的是偶尔我还是能够看到让人会心一笑的申辩书的。基金申请人在面对评论时展现出了得体的礼貌礼节，让我对他们的评价也不由得提升了。虽然我不能百分之百确定，但是我认为这样的申辩成功概率会增加，因为我对申请人的总体印象提升了。下面举个例子来说明：

3号评审员较其他评审员给出的意见明显更偏向否定："……没有提供足够的细节信息……方面缺乏相应信息……没有背景……没有具体的描述……没有详细的说明"

下面是申请人的回答

阅读了评审员的意见后，我想评审员应该是想要看到关于研究本质的更多数据、信息、分析方法、数据管理办法等等。我也认识到具体的数据细节以及数据生成方法在标书中没有很好的描述。部分是因为受限于标书本身严格的格式限制，还有一部分是源于我们对这些信息和数据太熟悉了，忽略了在标书中展现相关信息的必要性，可能导致对项目不熟悉的人，阅读起来增加了困难。为了让专家评审团能更好地做出决定，我概括了以下几点……

事实上，3号评审员的评审意见在我看来质量并不高，结构混乱，语句并不通畅，内容不完整，而且所有的意见和建议都没有证据支持，亦没有提出相应的改进意见。他提出的意见倒更像是给自己的评审意见书，而不是标书本身的。看到这样的申辩，你作为专家评审团，会做出怎样的决定？反正我是会心一笑了。

试一试 重启

之前的"试一试"环节我们练习了如何将你1~2页的原始想法和创意展示给其他人，包括你的上级领导、同事、老板，甚至你的父母。虽然你是想得到意见和建议，但是内心肯定希望获得赞赏。

下面这个练习可以锻炼你的聆听能力：你本能的会选择忽视评审意见，不愿意更改自己的标书，不具备从评审意见的字里行间解读出深层含义、情感的能力。当然，无视评审意见是最容易做的事情。那么，重启一下吧，你可能会在真正的评审环节省去很多需要申辩的内容。同时也能知道如何更有建设性的应对评审意见。

邀请他人来认真阅读并且修改你的申请书。你可适当予以奖励，例如作为回报，我帮你审阅文章，或者邀请共进晚餐。

用自己的语言将反馈总结在表 4.6 中。分析评论中真正的隐含意。

所有的评论都应该被认真对待。明确你解决问题的 SMARTI 方案（specific 明确，measurable 可评估，acceptable 易接受，realistic 可行，time-dependent 时间依赖，inspiring 有启发），并在表格中记录。

修改标书并且明确：之前的评阅人是否愿意收回 / 改变他们的原始评论？如果你获得了很积极的反馈，就可以将这个问题划掉。

表 4.6 积极处理反馈意见条目

	读者意见	SMARTI 方案	问题解决
1			
2			
3			
4			
5			
6			
7			
8			
9			
10			

4.4

面对专家评审团

基金评审团的职责是什么？他们的评选流程和标准又是什么？是时候让你体验一下作为专家评审是什么感受了。学会像评审一样思考，你的表现将更加出色。

专家评审团的职责是评估并且给标书排序。他们的工作量很大，最开始要处理 50 甚至 100 份标书，但是他们要最后提炼成一个短小的名单推荐给基金委员会。这需要巨大的阅读量：标书、外部评审意见、申辩、额外的互联网信息。或许还要参考面试的结果。所有以上信息都要凝练成为一个单一维度的评分：是或否。

表 4.7 是一次模拟基金评选会对于优秀表述的评分。评审团包括九个成员，他们从三个标准来评分（C1= 标书 / 申请人资质；C2= 标书创新性；C3= 研究计划可行性）。评分越低代表越优秀。60 号标书在所有标书中得分最低，所以是最优秀的标书。不过关于评审团如何得出这个表格中的结论，我们还有很多值得学习的地方。

表 4.7 标书评分具体数据

		专家评审			外部评审				综合评分	标准差
ID	N	C1	C2	C3	R1	R2	R3	R4		
60	8	1.5	1.6	1.8	A	A	A		1.6	0.6
14	9	1.5	1.8	2.0	A^+	A^+	A		1.8	0.5
08	8	1.3	1.8	2.3	A^+	A	A		1.8	0.4
34	9	1.7	2.2	2.1	A^+	A^+	A		2.0	0.5
40	7	1.2	2.3	2.6	A^+	A^+	A	D	2.0	1.6
54	8	1.9	2.3	2.3	A^+	A^+	C		2.2	0.8
56	9	1.9	2.4	2.3	A^+	A^+	A^+	A	2.2	0.3
22	9	2.6	2.2	2.0	A^+	A^+	A		2.3	0.5

分数越低越好。ID：申请者编号；N：参与评审人数；C1,C2,C3 ：评分标准，具体见正文；R1-R4 外部评审意见，最低分为 D，最高分为 A^+

下面是对评分表的具体分析：

■ 如果有利益冲突，专家评审团会被要求避嫌而不能参加评估。所以，N 代表实际参与评审的 9 人数，可能不足 9 人（例如，40 号申请人只有 7 位评审）。

■ 最好的标书（40 号标书；C1 得分为 1.2）并不一定是研究问题或者研究计划最好的（C2 得分 2.3，C3 得分 2.6）。但是，在事业基金申请中，你的研究经历在最终分数中可以占到相当的权重。

■ 标书会被多个外部评审评阅，但并不是每个外部评审都会送回评审意见。所以有的标书有 3 个得分，有的有 4 个得分。如果得分之间相差过大，就会产生问题。

■ 在这个评分系统下，每个评审独立给分。标准差显示各个评审之间的意见相差程度。例如，40号申请人的评审们意见就比较不统一。如果某一组评审团队很多标书的评分标准差都较大，说明评审不适宜评阅这一类的基金标书。最理想的情况是，评审团中只有一人总是和别人意见不一致（这样就可以忽略这一个人的意见）。最糟糕的情况是，所有人都彼此有分歧（基金委员会就需要思考如何处理）。

■ 外部评审也可以意见相左。从最高分的 A^+ 到最低的 D 都出现在 40 号申请人的评分中。54 号申请人也得到了 A^+ 和 C。这样专家评审团就需要仔细阅读外部评审的意见。有可能是外部评审没有认真履行职责（他/她的意见就可以被忽略），也或者是有人真正发现了标书中的漏洞（专家评审团可以就此深入讨论）。

■ 由于不同研究领域的外部评审风格不尽相同。60 号标书得到三个 A（没有 A^+）是因为这个领域倾向于给出详实、有依有据的建设性意见，同时提出有点和建设性改进意见。这样评审团就需要意识到并且针对不同领域的外部评审作出偏倚矫正。

■ 不同国籍的评审之间打分也有区别。美国 A^+ 等于英国 A/B。如果评审团并没有国籍信息，所以不能对这种偏倚作出纠正。

■ 足够多的独立评阅分数才能正确评估标书质量，并且发现离群值。统计学方法可以将 SD 值转换成所需专家评审人数。独立评阅意味着评审彼此之间不能相识，跟申请人不能相识，甚至可能来自另一个大陆。

评审是独立进行评分的。有的基金委员会只给 2 到 3 名主评审员进行全面标书评估的工作。这些主审给出原始评价和评分。在这个环节，他们彼此之间是互不影响的。之后，他们会互相讨论标书和评审意见，并对申请人进行面试。

主审和基金委员会工作人员需要警惕以下要点：

■ 意见不同是正常的。讨论需要在给申请人的反馈中有所体现。

■ 有的评审员会在讨论中占主导作用，讨论中更积极发表自己的意见，对其评审的影响更大。

■ 有的专家评审可能在标书研究领域具有经验，所以尽管标书本身书写表达不佳，评审专家也会因为研究题目本身的重要性，而力荐标书。这样原来给了较低评价的评审可能会受之影响而改变评价（当然最重要责任是申请人没有本身把自己的研究题目表达好）。

■ 有的研究领域不是评审所熟悉的领域，评价相对困难。可能会导致总体评分偏低。这种情况需要被发现并且改正。

■ 评审专家非常擅长领域的标书也是有利有弊的。评审员需要考虑到这个因素。

基金委员会应该向评审专家们提供详实的指南，包括具体的评价指标和避免的误区等。

评审团成员和积极委员会职员需要具有相应的专业技能。例如在讨论的时候如何主持并且设定正确的讨论基调，以便每个专家的意见都能够表达。避免某个评审过度偏爱自己研究领域的标书。在评审意见不同意时，指导大家对标书进行讨论。

是人就会犯错，评审团成员也不例外。成功过的基金资助的申请人自然不会抱怨，但是标书遭到拒绝的申请人也许会想要为自己遭到的“不公正”待遇进行抗议。针对评审团评价质量的投诉一般都不会被采纳，因为基金委员会都默认自己的评审们是按照守则行使职责的。但是针对明显的不符合程序的行为应该被重视，并且由专人来处理，通常是基金董事会受理。

表 4.8 评委会需要被告知评分中的潜在偏倚

仔细评阅可能会导致评分偏低
简短的评阅可能会带来证据不足信服力较低的评分
弱势的评委会成员可能不会为自己的评分据理力争
强势的评委会成员的意见可能会得到过分的考虑和关注
评阅人可能会对某一个领域过分的苛刻要求
评阅人在自己不熟悉的领域可能就不会强人所难
评委会内圈的标书会得到高分
评委会外圈的标书会得到低分

评审团处女秀趣事

品位不同?

我作为申请人参与过多次基金申请。现在我第一次作为评审团成员，做到了面试桌的另外一侧。评审委员会是由 8 名来自不同研究领域的专家组成，有一名基金委员会职员来主持讨论。我们只有 8 位申请人。将近 5 个外部评审专家的意见放在我的面前，评审意见总体来说都是非常积极的。面试环节将决定最终哪 2 位能获得基金资助。所以评审团的责任重大，这是我之前没有预料到的。

面试中至少有一位突出的申请人，能够清晰地表达，拥有出色的个人简历，并且清楚地解释了如果获得基金未来的研究计划。然而有 2 位申请人就不那么令人满意了。虽然得到的评分都不错，但是表述不清，不能令人信服。剩下的 5 位都还不错，于是我就陷入了困境：如何才能客观地把它们作出排序？

我们要做的决定事关重大：头两名可以直接获得基金，另 2 名可以参加多评审团评估环节，有 50% 拿到基金的可能性。我们讨论了申请人的科学成熟度。最终，在冗长的一天讨论结束后，我们必须得出结论：谁行，谁不行。我把特别突出的那位申请人放在了首位，其他评审团成员也作出了同样的排序。但是出乎我意料的是，有一位评审员表现平平，但把符合他心意的一位申请人放到了首位。这怎么能行？我们难道不应该责备这位评审员吗？我们没有这么做。

在投票时，一位评审员所起到的作用毕竟有限。但是在那天回家的路上，我不禁想到：每个人都或多或少地有自己的喜好和偏倚。我们对表现相似的申请人作出的排序难道不是因为个人喜好而决定？我不知道答案，但我认为这很重要：如果真的是这样，申请人的成功与否，就会因为评审团人员的不同而决定。

试一试 人文

你必然无从得知评审、主评审、基金委员会职员这个群体的人文环境如何。但是，你可以获得更多信息：

■ 查阅基金委员会网站，获得评审委员会的名单：你认为他们的资质合格吗？

■ 解读评审委员会组成（参照第二章“步骤”部分的“试一试”）。然后再次解读你收到的基金委员会寄来的专家评审意见。他们的意见是否适宜？

■ 如果你参加了面试，讨论环节进行的如何？是否每一个评审都参与了讨论？你是否观察到有小部分评审持有相同的正面或者负面意见？如果你受邀参加面试，你会如何为可能的情况做出准备？

■ 如果基金申请失败，你会得到反馈。你有提出问题的机会，电话咨询基金委员会职员。直接询问评审委员会没有达成一致的问题，这对你再次申请至关重要。

4.5

面 试

对事业初期提交的标书的申请者来说，专家委员会的面试是对你领导力的最大考验。专家委员会能够从中看出这个标书究竟是由你本人的独立工作，还是由你的上级所完成。面试通常由一个简短的展示开始，接着有专家委员会参加讨论。有时可能彻底颠覆对你工作的最初评价，尤其是对于事业初期的研究者来说尤为关键，所以一定要慎重对待。在这个阶段，你虽被邀请参加讨论，但尚未被授予基金。专家委员会从你这里需要听到三个要点："为什么是这个研究？""为什么要现在研究"以及"为什么需要由你完成该研究"。

面试的地点可能距离你的所在地很远（例如欧洲的面试在布鲁塞尔），提前一天到达可以让你时间充裕，行程更加从容（避免了飞机或火车的延误导致错过面试）。面试地点可能条件不佳，例如只有劣质投影仪的旅店小型会议室，并且时间限制严格：上传 PowerPoint、展示、讨论、致谢、评委告知你"你会很快听到消息，下一个候选人，谢谢"，整个流程被压缩到 15 到 30 分钟。你要准备好面对这种挑战，体验一把旅行推销员的生活。

你很可能已经很习惯在小组学习、会议等场合发表演讲，甚至可能有些场合邀请你去作公开演讲。那么是否应当向平时一样准备面试？答案很确定：不能。基金的面试演讲和其他的一切你所习惯的讲述原理、介绍题目、给出科学细节、理论、实验、数据分析的演讲完全不同。那么应当如何为专家委员会准备你的展示？成功的展示需要包含以下七个基本要素：

- 故事
- 意料之外
- 具体
- 值得信赖
- 热情
- 简短
- 通俗易懂

毫无疑问，展示需要简短（5~10 分钟）并且你只能在短短 5 分钟内展示 5 页幻灯。由于专家委员会大多数成员可能不是你所在领域的专家，你的展示应当通俗易懂（避免术语和细节）。使展示简短而通俗易懂并不容易，但如果你能够做到，这将是你在评选中脱颖而出的有利因素。但关于“为什么是这个研究”“为什么要现在研究”仍然要具体阐述（从背景、研究问题到计划、时机）。你既往的研究经验会进一步提升你在评审心中的可信度。成功回答“为什么是你”这个问题将对你否能够获得事业基金至关重要。然而，花费几页幻灯片来展示你的简历是浪费时间。评委手中已经有你的简历，如果你在展示中重复这些信息，无疑会使评委觉得无用且无聊。你应通过热情的讲述你一些事业、研究中的精彩故事（例如，“我是全世界第一个……”，“我的实验中惊喜地发现了……”）来吸引他们的注意。同时将故事与你的标书联系起来，让听众看到你对研究的灵感和热情！所以当你准备面试和展示时，回顾你的经历，找到一些能唤起你热情的具体事例组成一个意料之外，情理之中的令人信服的难忘故事。为什么要资助你？这在你成功的展示后应是不言而喻的！

你对自己的要求应该是：自始至终地使每一页单独的幻灯和整体连贯性都要强而有力。如果有任何一页你觉得不具热情，那么就该努力修改。图

4.1 是一页仅仅“过得去”的幻灯片示例，以及改正之后的范例：两页幻灯包含同样的信息，仅仅有一些小的文本差异，却在热情度上有着巨大差异。简单的一个叹号却能起到如此大的作用！

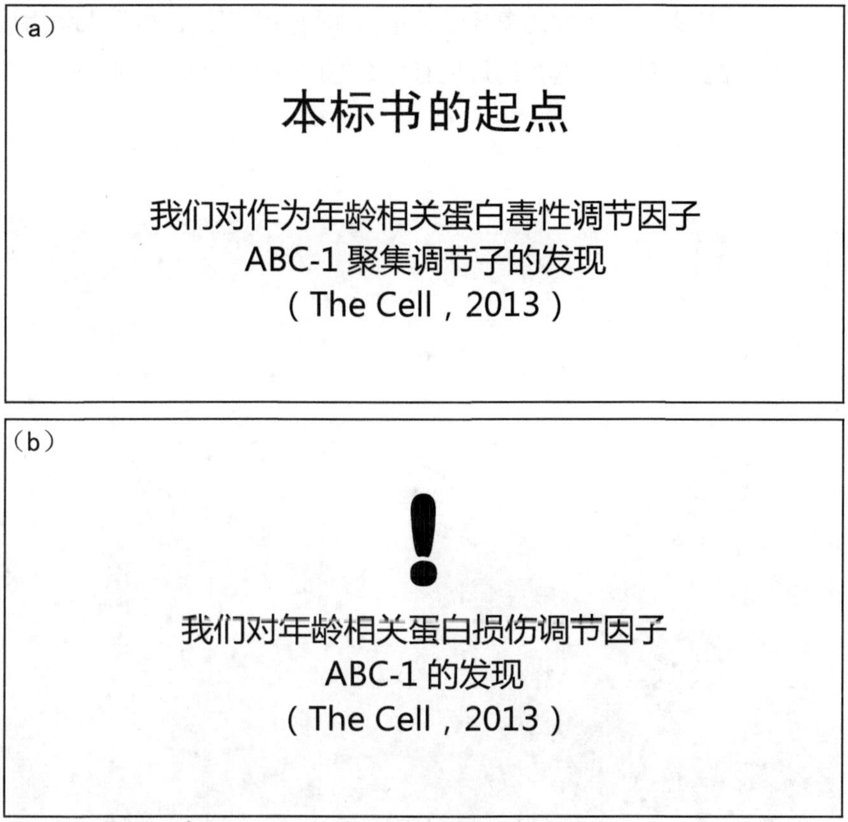

图 4.1　同样幻灯片的两个版本：标准版和让你更加激动的另一版（Success 原则之一，充满激情）

看到图 4.2，你可能觉得很有爱并且感到身心鼓舞（或许你和你的同事经常使用这样具有视觉美感的开场幻灯片），但你的听众（和你不在同一研究领域的评委）或许有着截然不同的反应。有些人或许会下意识地觉得：

"我看见了一只快乐健康的小鸟，所以这个研究没有什么实质问题"或者"小鸟？观察小鸟，这是个人兴趣而不是科学"，或者"这个家伙在哪里工作？他不知道除了野外考察，研究机构中的工作也很重要吗？"试想如果评审们建立了这样的第一印象，你要做多少额外的工作来让他们的注意力回到你的幻灯上？所以，走出你的象牙塔，走出你的惯性思维，尽最大努力设身处地地体会评委的想法。这张幻灯里有什么他们感兴趣的？这能否奠定正确的基调？

图 4.2　这是个正确的幻灯片吗？试着站到观众的角度看问题

在你展示之后的讨论可能很短（20 分钟）但很激烈。你可能遇到困难，遇到完全没有意料到的专家批判。在一些评估环节，专家委员会会接触到一些你不知情的外部评审意见。你要能够立即理解这些批评并且给出申辩。回答问题的技巧是你平时在参加宴会时能够掌握的，反映了你的科学成熟度。

然而，你在科学会议上可能不会遇到的问题，专家评审团却有可能提出。这些问题可能显得很突兀，比如“你哪里需要这么多钱？”你需要严肃认真地回答这些问题；例如“我的确从我的大学拿到了一些起步资金，但对于我计划开展的工作显得过于有限”或者“我仔细地计算过实验的支出，您如果有兴趣可以查看我的支出预算明细，其中包括科技服务提供商的报价”。你可以准备一些额外包含细节信息的幻灯以备提问环节的不时之需。

写标书的时候要牢记人为因素的重要性：要设身处地为读者着想；而在面试中，要站在听众的角度思考。

■ 回答问题要态度友善、语气坚定，对于评委提的问题理解清楚。绝对不要在回答问题时滔滔不绝，而要进行真正的对话。（例如，我认为……您觉得这样说有没有道理？）

■ 和观众进行目光交流，他们的表情和肢体语言会给你传递信息。对听众显示出真正的兴趣（例如，我这样您觉得表达清楚了吗？）

■ 不要冒险让话题偏离你的专业和标书太远。将听众带到你的主场来，不要客场作战。（例如，这是一个很有趣的建议，感谢你的意见，就我的专业来说，我更倾向于……）

一则评委趣事资

演讲疗法

当你受邀将你的事业基金标书展示给专家委员会，你会怎样做？显然，你可能会努力准备演讲然后邀请一些人来认真地预答辩。我曾经受邀以评委的身份参加这样的一个预答辩，同样受邀的还有学术训练员（academic skills trainer)、语言训练师、一名非本专业的官员（lay officer）以及一些不同背景的科学家。我们共同准备好为讲者提出建设性意见和建议。我们来看看讲着的演讲:

1973年三月，埃及总统安瓦尔·萨达特（Anwar Sadat）和以色列总理梅赫纳姆·贝京（Menachem Begin）在华盛顿签署了历史性的和平条约，并因此获得了诺贝尔和平奖。该条约的基础是在《戴维营协定》的一系列会议基础上确定的。这个条约包括结束战争，彼此承认国家，以色列使用本国船只通过苏伊士运河从西奈撤离等等。想想谈判的过程应是何等复杂：萨达特提供A并且要求B，开始修订上述内容至A’和B’并且要求C，仲裁人美国总统卡特提出A’、B’、C’以及D。在此过程中，你对他人策略的信息掌握不充分，又要做出复杂博弈。就像你在黑暗中向前踏出一步，聆听是否有别人移动并去向何处，然后轻轻地踏出不同方向的另一步，不知何时或者如何与对方相遇。关于心理学互动的人工智能能否在谈判中的黑暗里点亮光明？如果当时各方能使用我设计研发的谈判支持软件，那么《戴维营协定》是否会截然不同？

这的确是令人激动的标书的导言，我想。演讲者自己非常兴奋，语速很快，有一些温和的手势，脸有点红，有些气喘。演讲训练师在评估中指出了所有这些，但出乎我意料的是，他认为这些是缺点并且建议演讲者避免上述所有。什么？不能这样！我强烈认为该建议会抹杀申请者的可信度和真实性。这将浇灭演讲者的动力、激情以及将计划付诸实施的热忱。不！演讲如此精彩使我无言以对。此外，《戴维营协定》是讲者标书的一个强有力的导言，我在多年后都记得她的激情。面对这样的展示，你怎么还能要求更多呢？

试一试　重温那些未想到的

总有故事等待被诉说。回顾你的记忆深处那些出乎意料、包含激情的小故事：你的研究，你的论文设计，第一份工作，前驱性的实验或者那些无意中的惊喜发现。记录一些在下面的表格里。让这些故事充实你的演讲。让你演讲的结尾像精彩的电视连续剧一样充满悬念，让专家委员会成员迫不及待地想看到你的课题成为现实。

表 4.9 你的精彩故事等待叙述，请写下故事的主要内容

故事
1
2
3

5

弟子准备好时，老师自会出现

佛门箴言

支持

5.1

引　言

一切准备就绪，应该是时候提交你的项目资助申请书，期待胜利了！不过还请再等一下，你应该先寻求在这方面有相关经验的人士给予帮助，让他们评估你的所有申请内容（从书写语言到实际应用，从基本构思、工作计划到初步预算），并使之更专业化。就算没有明显缺陷，也要仔细听取他们的反馈意见，并对一切潜在的弱点多加注意。可以非常肯定的是，你申请资金的资助机构，一定会将你的申请书发送给该领域的资深专家进行审核，收集他们的意见并可能将这些意见让你进一步申诉，然后决定是否资助你的项目。如果申请没有通过将会令人沮丧，尤其是当你发现很多针对你计划的批评意见本来是可以避免的——如果你提前注意到它们的话！所以，提交申请之前，花一些时间来收集反馈，并且认真严肃地对待这些意见，一定要非常认真。要尽可能地充分利用他人的能力，不管是资深导师的指导、专业人士的建议或是相关课程的训练，越多越好！

■ **导师指导**：经验丰富的科学家（资深的基金申请成功人士）提供的指导可以让结果有所不同吗？答案看起来是很明显的。尝试联系一些可能愿意指导你的人，问问他们能否做你的导师，哪怕他们拥有看起来似乎高不可攀的地位。

■ **专业帮助**：你是否是其他非科学研究方面的专家，比如说预算制作、知识产权的保护和推广等？还是你想成为这些方面的专家？你应该不打算这么做，所以去寻求一些专业人士的帮助，以节约时间和保证你项目申请的质量吧。但是在哪里你可以找到这些专业人士？

■ **相关训练**：来一些相关课程的训练怎么样？如果你只是简单地书写、提交、失败、学习、修改、再提交……不断重复，这将会是一个持续并且痛苦的训练！上一些专门定制的相关课程可以帮助你大大加快这一过程。

5.2

导师指导

Lee等人的文章《Nature' s guide for mentors》（参见“补充阅读”部分）明确指出，“无论任何领域，在职业生涯的早期是否有一个好的导师进行指导将意味着成功或失败的不同结果”。对于如何书写项目资助申请来说，尤其如此——如果在申请资助方面，导师和学生有一个长期且有益的“师徒关系”，那结果真的会大相径庭。

你需要一个人的帮助，不是在于如何修改标点符号方面，更多的是要让他来提出疑问、指出不足、提供建议、批评缺点、质疑成果、删减文章并且修改措辞。而你则要一遍又一遍更改你的申请书，直到最后你开始感到不耐烦。大部分人不会有足够的耐心和时间坚持到这个阶段。没关系，去找一个勇敢到愿意投入大量时间在你身上的导师。他一定要足够勇敢，因为当你对反馈意见感到不耐烦且愤怒的时候，你们俩的关系或是友谊会经受巨大压力而有可能变得很危险。

向别人寻求帮助或者查看他们成功的项目资助申请，这对于在职业生涯中已发展到一定阶段的人而言会很容易，但是对一个事业刚刚起步的人则往往令人生畏。大学需要认识到这一事实。实际上，他们可以通过建立导师计划来帮助年轻的申请者。他们可以基于学校的有成就的人及退休顾问委员会成员列出一份有经验的导师名单。他们中大部分可能还在这个大学里工作，有些可能已经离开或是彻底退休了。大学的职业发展中心的工作人员可以利用大学的信息库进行导师和被指导者的匹配。而信息库中还应该包括有以往成功者的项目资助申请书以及 PPT 报告等资料。这些资料在获得指导者的同意后，可以作为成功申请的范本用于被指导者的学习。

这里有一份指导者对被指导者项目申请书的点评案例：

“我完全理解你的意图，但是鉴于它在此处的应用，我会不禁认为它令结构和内容显得冗余。我强烈建议你使用更加直接、目的更明确的方式来组织结构和内容，这样你的读者可以更轻易理解文章的思路并找到他们所需要的东西。”

这下你懂了吧，接下来你就只能和那些耗费你不少心血写出来的东西说再见了。现在开始你必须要变得勇敢，并且打破你的固有思维以真正用心聆听你的指导者所给出的有价值的反馈，并进行大幅修改！

以下轶闻则是来自一个事业发展基金申请人对她的“基金申请导师”的致谢，它摘抄于我写这本书时所看到的一封真实的信。而我个人则建议所有的年轻科学家们最好也能写一封类似的感谢信给他们未来的“基金申请导师”。科学这一行业早就该重视发展栽培年轻科学家的文化！而我在这里增加这封信作为轶闻的目的是让已经有所成就的人尝试毫无保留地和未来的科学家们分享他们的专业知识。而你作为一个申请人，同样也可以借机向你“基金申请导师”表示：“这正是我所追寻的，您愿意接受挑战，像这样指导我吗？”同时，一瓶美酒，在不错的餐厅里共进晚餐或者一场林中漫步，都可以是一个不错的邀约。

一段申请人的轶闻

私人信件

亲爱的“基金申请导师”：

三年前，您开始给我的事业发展基金申请书初稿提供建议，在此过程中，您教会了我如何切实完善（即修改）我简历的摘要、布局和内容。多亏了这些意见，我才知道该如何在我的简历中添加和强调那些我引以为傲的成就。您告诉了我怎样去做——用加粗黑体字突出我工作过的大学名字及列数我做过科研报告的国际会议数量和我获得的基金。这些有力的信息全都因此得到了完美的突出。而您让我逐条列出在科学方面重要贡献的建议也令人受益匪浅。这些年我一直这样促使自己学会这样在如实而不夸大前提下，更好地表述出自己的成绩。

哈，我的草稿始于三年前！它本应简浅易懂，结果却相当费解。现在每当我要进行书写或是演讲的时候都在询问自己：我还能再简化一下吗？而每次的答案几乎都是可以。

至于这份三年后的申请书，这份已经修改过很多次的版本，您依旧不是很满意它的标题。我在最后时刻更换了一下，但还是不够完美。唉，我本该花更多的时间去想一个更好标题的。

对于最近这次面试，我预先练习了几次，但还是觉得不太理想，觉得自己一直在用一堆老套的幻灯片来重述想法，而不能清晰明确地讲述一个故事。我长时间地在犹豫和思考——我应不应该加上简历的部分？还是要突出一下工作小组，技术或背景资料？各个方面都无法实现很好的平衡。

大概是因为即将到来的面试在不断给我增加压力，当然也由于您毫无保留的支持，我最后成功的做出了可以让我讲述“真实故事”的幻灯片。就您的指导而言，我最感谢的莫过于您不计时间和精力的投入。您从来不给常见的、无关痛痒的建议，而是尽心竭力地帮我共同完成这项工作，就像是您自己的申请一样。

我只曾在和一位我国际合作者一同写文章时有过类似的体验，而说实在的，我非常珍惜那段让我学到了很多东西的时光。

致礼

您的“基金申请 学生”

试一试 寻找一位精英导师

当然啦，你现在应该意识到自己值得拥有一位导师了，而且这位导师还应当是一位精英导师。以下有些方法可以帮助你找寻：

咨询你的事业发展部门（见下一节）。他们是否有关于导师候选人的数据库？他们是否可以帮助你找到你的精英导师？和一名不同学院的导师一起工作也可以看作是个别具一格的选择。

勇敢地直接联系一位或多位的导师候选人，与他们相约见面并询问你是否可以查看他们成功的申请；他们是否愿意或者有空成为你的"基金申请导师"，及其他诸如此类的问题。

你有没有觉得你和其中一名导师候选人之间碰撞出了点小火花，比如是否有着相似的兴趣、热情或者产生了积极的共鸣？那接下来就建立像"基金申请导师"和"基金申请学生"一样的契约吧。

"在科学界发生的所有活动中，可能最少被铭记和回报的莫过于指导年轻学者了。"可以考虑一下向《自然》的科学导师奖提名你的精英导师！（参见"补充阅读"部分的链接），或者其他的酬谢方式，比如一篇论文的合作者和合著者。

5.3

专业帮助

在这本书里不少地方我都提到了可以帮助你的其他人。而这一节里我将会更详细地讲述关于这些秘密专家的事——你可以在哪里找到他们，而他们又可以给你提供什么。如果对这个过程你还是个新手或者不太了解行情，这一节应该可以为你提供足够的线索，让你能在你的大学内外找到这些人。

职业发展和基金申请顾问

你首先应该去的地方，是你的大学主管科技事业人才发展的职能部门，而这些职能部门可能有着各种不同的名称，比如职业培训部、人才培育学会、教育与发展中心、职业发展中心或者人才发展项目等。他们知道各种与基金申请有关的信息，例如指导方针、申请要求、趋势变化、资助机构相关负责人员的名字等。你可以咨询一些具体的问题（比如，在我读博士后期间，我有了三个孩子，我在申请事业发展基金的时候该对此如何说明？）如果他们也不知道答案，他们可以直接联系资助机构，或一些代理联络处，这些联络处主要任务是起桥梁作用，以确保大学和不同资助机构之间的信息流通。你所在区域的事业发展基金顾问也可以告知你一些有关基金申请的培训课程或者其他有用的信息（包括撰写过程中的经费支持）。

而且他们还可能已经建立了一个导师指导项目，或者至少可以提供一个名单，包括往年项目获得者以及向你这样申请者提供过指导的专业人士。

财务顾问

在哪儿都有财务部门。基金预算应该根据资助机构的专门规定进行计划和管理。就像我在第三章“预算”一节中提到的一样，你需要财务方面的专家来帮忙制定预算方案。我强烈建议你前往你所在研究所或者学院里的财务部门，咨询专门研究你将提交申请书的资助机构政策的财务工作人员，他们的经验可以帮助你最大程度地利用提供的资金（并且避免在资金预算和管理方面的发生重大失误！）。对于项目的顺利进行，这些财务工作人员是不可或缺的，他们应被视为成功获得基金的计划的一部分。

生意拓展顾问

对于大学来说，做生意当然不是任务，但是通常而言，一个在大学里诞生的好创意经常会带来潜在的商机。而在今天，很多大学已经认识到这一点，所以才有了联营企业或是研究开发区。好创意可以转变成专利和经过专业认证的可转化的技术。这些通常会由大学内部或是外包的知识转化机构来进行。这些机构里的专业人员将对知识产权进行发现、保护并帮其获得许可，而相应的生意推广者则促进新企业的建立。他们知道如何让你在科学领域成果发表与知识产权的保护之间保持平衡，他们知道就算只是一场会议上的演讲也有可能使你在后期难以保护你的知识产权，他们还知道何时及如何筹集私人或者公众资金来进行概念验证和将新结果转化为原型机的实验。如果你有一位这样的专家可以帮你实行成果转化，将会极大地加强你提案里有关成果影响力或者利用性的内容（通常被叫做“价值化过程”）。不管你提案里的研究内容是基础性还是应用性的，对于评委会和评阅人而言，你很明显已经提供了一个很专业性的方案。

编辑和语言顾问

交流始于语言，意味着成功的交流和真正彼此相互了解。而很明显，书写和表述方面的完善也可以显著提高项目成功的机会。大学里可能会有关于语言或者出版方面的中心机构，而它们可能有着类似语言中心之类的名字，例如欧盟高等教育语言中心（www.cercles.org）之类的机构。这些专业人士可以提供你编辑服务（提高你申请中的语言文字、表达方式以及框架结构的水平）和语言课程（有时甚至可以对基金申请中的面试提供帮助）。你也可以通过网络寻找一些科学编辑或是在 SENSE、EASE 以及 SfEP 等专业网站上招募一位自由科学编辑。很多科学杂志的作者指南中也列出了一些可以提供编辑服务的机构。你可以给他们发送你的草稿，假设有五千字，而他们会在几天之后交还给你一个用地道的英语修改和精简过的版本。此外，除了修改你的文本这件事以外，文中所用的图片也需要注意，所以寻找一位专业的插图设计者也是一件值得去做的事情。

表 5.1 《自然》编辑对于编辑的观点

下面是关于编辑方面的重点，就像在其他领域一样，你需要知道你到底想要什么结果并把任务分解为小块。当你开始阅读一段文字的时候，你要同时思考如何回答这个宽泛的问题：

“这到底在讲什么，而它能让我感兴趣吗？”

假如你对这些问题的答案很满意，那接下来你应该考虑结构和内容方面的事情了：

“从这篇文章中我期待看到什么？它们将以何种顺序出现？是否有什么重复

续表

或者缺失的内容？” 最后，你需要再次审查一次文章，确保行文准确且符合逻辑。 这看起来很简单，但是实际中你很难做到只专注于一个层面的阅读，而不被另外的层面打断思路，重要的信息可能被糟糕的文本结构掩盖，完美的行文中也可能空洞无物。

教育顾问

大学里可能会有一个组织学院和后学院课程以及研讨会的组织，它们也许会拥有类似课程和教育规划中心的名字。这些专业人士可以帮助你组织课程、开设暑期学校、开展研讨会、进行国际会议还有其他作为你基金申请中利用规划或者宣传方案的一部分的针对一般公众的超出事宜。他们可以帮助选择授课地点、演讲教室、多媒体设施等等；他们可以管理饮食和住宿方面的后勤工作，进行广告宣传，收集网络登记信息，并且处理申请摘要。他们通常可以提供很多活动（比如暑期学校规划、产业规划、公众教育系列演讲等），而作为一个系列的一部分，你的活动将会得到更高的曝光率。而基金评委会成员和评阅人也会满意你与专业教育中心的合作关系。

媒体和公众参与顾问

所有的大学都有名字类似于交流部门的与外界进行新闻交流的中心组织。而这一部门可以提供关于利用内部网和互联网的专业服务，比如书写和向公众发布新闻稿还有其他报告；也能组织面向新闻界、公众或者其他特定团体的发布会；或者使用新媒体，例如，开展网研会（通过网络进行的研讨会）、发布科学纪录片到 YouTuBe、为你的项目设计一个网页等；你可以把这些事情都加入你的项目计划中，来增加你工作的影响力。此外，独立且专业的报纸、杂志或者博客，在以天或月或年份为时间单位，进行面向雇员、学生、校友或者其他人员的基于任何科学方面（和非科学方面）的新闻报道时，也会受到大学和国家组织的扶持。同时，国家报纸和大量受欢迎的科学期刊经常有展示和讨论最新的研究发现的科学版块，这些也很有意义。为这类报纸和杂志工作的新闻人员是理想的合作者，你可以通过他们了解你的主意和提案是否足够简洁和具有说服力。为什么不考虑与一名科学新闻工作者结为同盟？对于一所大学的职业发展中心而言，邀请并给予这些工作者关于基金申请的重要内容信息可谓是值得赞赏的创举。

一位办公室顾问的逸闻

基金活动周

作为大学的基金顾问，我们知道科学家们为了让他们的研究工作获得资助，承受着巨大的压力。对于新人而言，找到合适的资助项目并了解要遵循的规则是一件很困难的事情。为此，我们开展了基金活动周这一项目。该项目包含很多内容，涉及有关个人基金的课程，练习的机会，还有同各种咨询专家的速配会面，如资助机构工作人员、基金书写咨询专家、资深基金申请成功人士和编辑。这个充满创新精神的活动是否会得到科学家们的强烈支持？还是我们预约的见面房间会留下很多空位——因为那些科学家更喜欢用他们自己的方式来完成这件事？我们满怀疑问，但随着基金周的来临，像火箭一样上升的预约量给出了答案。我们不得不尽快重新寻找了一个最大的教室以便能容纳所有意图参加课程的人，而同时我们还需要更多的小教室才能满足想要个人咨询的人们的需要（太棒了!），而因为人太多，我们还不得不更改计划采用小组咨询（唉!）。总之，这一周激发了学校里大规模的创新精神，这是以往未曾有过的。而我们的付出得到了回报吗？一年之后，学校里新增的事业基金获得者的人数是前所未有的。

试一试 来一场热烈的约会

你的任务只是“简单”的组建你的胜利团体。寻找出你还需要的助力，去和他们交谈吧！在恰当的时间见面，为准备工作留出余地，并让团体成员能够一直清楚地知道你申请进程的现状，比如在写申请书的时候，你被邀请和评委会进行面试的时候，你成功获得了基金的时候；而如果失败了的话，去和你的团体成员们讨论原因，接着重新振奋精神。不要忘了包括支援人员在内，让他们感到你的成功就是他们的成功。团结一心你们就可以克服大部分困难。现在来完成下面的表格。

表 5.2 对每一位支援人员和顾问都提出至少一个问题，获取他们的名字和联系方式，并在接下来确立一个具体的时间和他们中的每一个人进行面谈！

支援人员 / 顾问	姓名 / 联系方式	你的问题
职业顾问		
基金援助顾问		
财务管理人员		
专利工作人员		
生意运营者		

续表

支援人员 / 顾问	姓名 / 联系方式	你的问题
课程组织者		
科学编辑		
科学插图者		
媒体顾问		
新闻工作人员		
其他需要见面的人		

5.4

相关训练

除了亲身经历一次完整的申请，自己经历所有好的和困难的方面，没有更好的方式来了解整个流程。但不幸的是，一旦你提交了你的申请书，你就不能再更改它了。当然，在辩驳或者面试（如果申请中包含这些环节）过程中你可以对一些批评做出修改和反应，但是，对于其他的你就不能做什么了，你只能接受你的成绩、排名以及最终决定。而在被否决的情况下，你可以基于你所学到的东西修改你的申请书并在下一次重新进行提交。

但这也有其他的方法来学习整个流程，比如一场完整的模拟申请（当然是在你提交申请书以前）。这场排演可以指出你申请中的所有不足。这场模拟申请应该有一位具有丰富的担任基金申请委员会主要负责人或者成员经验的资深科学家进行指导。模拟过程可以做到有一个由 8 到 16 个申请人组成的小组，而每个成员可能提交来自完全不同领域的申请（以望得到最好的非本专业专家的意见）。而当申请人少于 8 人时，评委会的分组将会变得不那么明显和突出。哪怕只有两个申请人时，只听取两份申请书，两场展示，这个过程仍然有益。因此就算你不能参加一场像如下大纲所列的完整训练课程，你依旧可以通过学习这些大纲来了解如何进行你自己的专属课程。

进行一场模拟训练

■ 完成一位评委会成员的所有任务

■ 收集关于你的申请书和面试的反馈

参加模拟申请的所有候选人都要很认真，且他们的申请书要到了已经可以进行模拟申请的阶段，这是一件很重要的事情，因此下面的要求很关键。

要求：

■ 只有当你确信你所提交的申请书和你的展示是当前你所能做到的最好，你才能参与进来。

阶段 1：评委会

一个小组通常由 3 到 4 位成员组成。如果这里有 16 位参与者，这意味着需要有各包含 4 位成员的 4 个小组；小组 A 将会重新审阅 B 组的申请书，评论与辩驳，小组 B 则会审 C 组的，以此类推。

阶段 2：书写

目标：

■ 及时准备好你的申请书

■ 寻求对论文各部分内容的意见、建议

■ 让你的申请书得到审阅

■ 对评审意见进行辩驳

参与者先是书写他们的申请书，接着选择一位“基金申请导师”和来自其他领域的专家，请他们对申请书进行审阅，接下来对这些审阅的意见写出相应的申辩，然后参与者在【指定日期】以前向委员会提交如下副本：

- 事业基金申请书
- 来自同行和资深前辈的审阅观点
- 申辩（如果允许的话）

有些人可能需要处理比别人多的审阅意见，这就是现实，因为在现实中这也是真实存在的。

阶段 3：排名

目标：

- 体会一位评委会成员的工作量
- 了解提交的申请书中的优缺点

评委会成员会通读申请书。而接下来他们会为每一份申请委派（通过电子邮件）一名主要的审阅者，该审阅者将会写一份关于这份申请的简短报告。记住你是一个很忙碌的人！你没有时间花费在阅读四篇报告并写一篇报告上！

评委会成员将会通过一个预先设计的评分表给四篇报告打分并进行排名。他们将会把每位申请人的分数填在一张表格里，并在【指定日期后 12 天】举办的评审会上带去 4 张复印版本。你可能会觉得这个表格有时候很繁琐，特别当你不是一名专家时。尽管如此，仍需尽力填满表格上的所有项目，而这也是实际中会发生的。

阶段 4：模拟面试

目标：

- 及时准备好你的十分钟展示
- 得到关于你的展示的反馈和讨论
- 通过其他人的展示获得启发
- 修改你的展示并为“正式”面试做好准备

所有的参与者必须先准备好他们的展示，并在两组之间进行展示试演。A 和 C 小组，B 和 D 小组，在【指定日期后 10 天】。这一次，评委会不会预先知道“他们的”候选人的展示。

	评委会 A	评委会 B
上午 8:45—9:00	小组会议	小组会议
上午 9:00—9:30	C1	D1
上午 9:30—10:00	C2	D2
上午 10:00—10:30	C3	D3
上午 10:30—11:00	C4	D4

	评委会 C	评委会 D
上午 11:00—11:15	小组会议	小组会议
上午 11:15—11:45	A1	B1
下午 11:45—12:15	A2	B2
下午 12:15—12:45	A3	B3
下午 12:45—1:15	A4	B4

阶段 5：正式面试

目标：

■ 体验作为评委会成员的忙碌一天

- 体验评委会如何得出结论
- 得到对于你的申请书和修改后的展示的反馈
- 通过其他人的面试过程获得启发

把你的展示放到U盘中，并上传它作为你30分钟面试的一部分。而主要审核员将会开始提问与回答（Q&A）环节。而这场【指定日期后12天】举办的评审会时间表如下：

	评委会 A	评委会 A
上午 8:45—9:00	小组会议	小组会议
上午 9:00—9:30	B1	D1
上午 9:30—10:00	B2	D2
上午 10:00—10:30	B3	D3
上午 10:30—11:00	B4	D4

	评委会 B	评委会 D
上午 11:00—11:15	小组会议	小组会议
上午 11:15—11:45	C1	A1
下午 11:45—12:15	C2	A2
下午 12:15—12:45	C3	A3
下午 12:45—1:15	C4	A4

最后阶段	
下午 2:00—2:30	小组评分并书写报告
下午 2:30—3:00	小组 A 对 B 组的报告；小组 C 对 D 组的报告
下午 3:00—3:30	小组 B 对 C 组的报告，小组 D 对 A 组的报告
下午 3:30—4:00	总结会议：归纳所学习到的课程

阶段 6：修正你的申请书

运用反馈意见来提高你的申请书水平，并让你的“基金申请导师”和来自其他领域的专家检查你修改以后的版本。

所学到的课程

这次排演将会让你为真正提交和展示你的基金申请做好准备。而一点不漏的经历了一次或多次上述阶段的参与者将会得到回报，有时这会带来对他们最终表现的转变。而在某些时刻，像上面所列大纲一样的训练会很困难而且让你困惑到底如何提高。但随着申请者的进一步体验，可以发现这些不舒服的感受通常都是他们在大幅提高书写和展示水平前的先驱。“(排演)有效在提高了我做事的条理性。”更重要的是，它能有效避免你落入令人不快的惊吓中。“实际面试中出现的问题几乎完全和练习环节一样。”最后同样重要的一点是，你可以更好地承受那些超出你控制范围的事情。“我感到我已经做到最好了。如果我还是不能获得项目资助，那就这样吧，我已经很满意这个结果了。”

补充阅读

这里有一些你或许感兴趣的网页链接。

点击我的网络主页获取更多信息：www.talent4science.eu; 也可以通过邮件 info@talent4science.eu 告之你的喜好。

顶级科学信息库

www.f1000.com 一个致力于生物和药学领域相关信息的网站，会展示这些领域的组成和报道他们认为最热门的科学出版物。

http://scholar.google.com 谷歌学术搜索，谷歌对于学术出版物的专门搜索工具，包含相关文章的引用和链接。

www.info.sciverse.com/scopus 爱思唯尔公司的文章引文数据库，一个巨大的缩写和引文数据库，内容有经同行审阅的科研文献、专利和挑选过的网络信息源。

www.webofknowledge.com 汤森路透的 Web of Knowledge 信息检索平台，一个可以发现某科研人员发表了什么、被引用了多少次（也可以查到是谁引用）的网站；此外也能列出科学杂志的影响因子，还有一些其他东西。可能可以通过你所在大学的账户或是图书馆网络登录。另外也被称为 Web of Science。

后 记

我最早接触里策特·扬森（Ritsert C. Jansen）教授的这部著作是在2013年12月。当时我刚刚在荷兰格罗宁根大学获得理学博士学位，准备回国；我们研究组的英文编辑Jackie老师将这本著作作为礼物送给我，说这本书必定会对我有所帮助。我回国后立即系统学习了这本著作，真有一种相见恨晚的感觉：岂止有所帮助，简直是醍醐灌顶。我甚至觉得，如果我在医学生阶段就学习了这本书，那么我可能在学术成长的道路上会少走许多许多的弯路。今天读来，仍然觉得书中对许多问题的观点和处理要比我目前还是高明得多。为什么不把它译为汉语，让我的师弟师妹们和大批同道避免重蹈我的覆辙呢？因此，在一个非正式的场合，我把这本书和它的姊妹篇《Developing a Talent of Science》推荐给中国协和医科大学出版社的袁钟社长和韩鹏编辑。他们也非常积极地推动这件事，立即与剑桥大学出版社联系，谈妥中文版权转让事宜，使翻译工作得以顺利开展。后期各种琐碎事宜均由顾良军编辑负责处理，为使本书中文版面世费了许多心血。

整个翻译过程比想象的艰苦许多。由于本书的英语极为简洁优雅，所以要翻译到“信、达、雅”的境界相当困难。中译本由李佳宁、翁琳倩、施文、车璐和徐菁完成初译，她们都是协和的年轻医生或优秀医学生，均有多年的英文翻译经验。魏怡真与李乃适负责校对，完成最终稿，由李乃适负责统一风格。尽管大家都力求完美，但毕竟均为业余时间翻译，仍不免有未臻化境之处，也请读者海涵。

中译本的完成还要特别感谢傅静远教授。她既是扬森教授的弟子，又是我在格罗宁根大学攻读理学博士的副导师。她的仔细审阅使全书的表述更加准确与洗练，从而圆满完成了中文版的翻译任务。

当然，最该感谢的应该是原书著者扬森教授。他作为荷兰生物信息学领域的著名学者，百忙之中写出这本极为实用的“小册子”，为全球的年轻科技工作者指点迷津，实在是令人感动。在翻译过程中，他也一直特别关心，并且亲自参与了挑选封面等工作。“桃李不言，下自成蹊”，相信扬森教授的一片苦心一定会得到我国广大科技工作者的认可。

今年恰逢北京协和医学院建校百年，本书中文版译者多为协和校友，希望本书能够对母校新百年的发展有所裨益，也希望本书能够让我国广大科技工作者们如虎添翼，渐入佳境，助推我国科研事业不断进步。

李乃适

2017 年 10 月